집 꿈꾸다
짓다
살다

김병만

Dreamday 는 당신의 꿈을 응원합니다. 일상 속 작은 일탈 Dreamday.

김병만의 집, 꿈꾸다 짓다 살다

초판 1쇄 발행 2013년 10월 20일
초판 3쇄 발행 2014년 8월 15일

지음 김병만, 박정진
엮음 Dreamday 편집팀
기획 박지혜
편집 이대연, 박지혜
디자인 김보애, 디자인아이
인터뷰 윤태근
사진 투비더블베이스 외 한글주택 관련자들

ⓒ 2013 김병만, 박정진
ISBN 978-89-93260-99-1 13610

발행처 ㈜한우리북스 | 출판신고 2006년 5월 12일 제312-2006-000026호
발행인 박철원 | 주소 122-824 서울특별시 은평구 통일로 684(녹번동 5번지) 1동 3층
전화 02-362-4704(편집) 02-362-4754(마케팅)
팩스 02-362-4750 | 전자우편 book@hanuribooks.co.kr

 친환경 **콩기름 잉크** 사용

집 꿈꾸다 짓다 살다

Dreamday

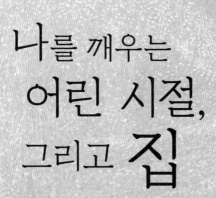

나를 깨우는
어린 시절,
그리고 집

어린 시절부터 나는 호기심 많은 아이였다. 궁금한 것은 무엇이든 내 손으로 해 봐야 직성이 풀렸다. 냉장고는 왜 시원할까? 라디오 카세트는 어떻게 소리가 날까? 사소한 것들에 호기심 많은 10대를 보냈다. 멀쩡한 라디오를 뜯다가 어머니께 죽도록 혼이 난 적도 있었지만, 어차피 반복되는 일이 되다 보니 나중에는 어머니도 그냥 두실 정도였다. 어쩔 땐 고장난 다른 집 라디오를 뚝딱뚝딱 금세 고치기까지 했다. 이것저것 만지다 보니 웬만한 조립품 속은 다 본 것 같다.

그 시절 《톰 소여의 모험》이라는 만화책을 아주 재밌게 봤다. 책 속에서 톰 소여가 나무에 집을 짓는 장면을 보고 나무 위에 제법 비슷한 집을 따라 지은 적도 있다. 물론 정글에서 지은 것과는 비교도 할 수 없지만, 그때의 기억이 정글에서 집을 지을 때 도움이 된 것만은 확실하다. 톰 소여가 물고기를 잡아 모닥불에 구워 호호 불어 가며 맛있게 먹는 장면을 보고 나도 해 보고 싶어서 만화에 나오는 것처럼 나무에 불을 피우고 물고기를 구운 적도 있다. 그런데 왜 내 물고기는 겉만 타고 속은 안 익던지……

얼음으로 배를 만들어 타려다가 큰일날 뻔한 적도 있다. 냇가에 가 보면 천천히 흐르는 부분은 얼음이 빨리 언다. 톱으로 큰 얼음조각을 잘라 만들어 올라타고, 대나무를 노 삼아 밀며 얼음조각을 움직였다. 그러나 얼마 가지 못해 얼음은 점점 쪼개졌고 나는 물에 빠져 버렸다. 어머니께 혼날까봐 불을 피워 옷을 말리려고 했지만 너무 가까이 놓은 탓에 결국 태워 버려 더 크게 혼나고 말았다.

어린 시절 시골에서 내 손으로 썰매도 만들어 타고 날쌘 산토끼도 잡아 봤던 나의 어린 경험들이 정글에서 생존의 기술이 되어 주었다. 아직도 나는 정글 속에서 다양한 경험을 쌓아가고 있다.

▨ ▨ ▨

아버지는 목수이셨다. 미장, 벽돌 쌓기, 우물 파기까지 모두 아버지에게 배웠다. 아버지와 단둘이 집도 지어 봤다. 마을에서 재를 넘어가면 여섯 집이 살았는데, 정부에서 외따로 떨어진 집들에 지원금을 주어 한 곳으로 모으려 했다. 기본적인 이주비가 준비되면 지원금을 주고 이주하게 했다. 모든 가구가 재 너머로 이사를 가는데 우리 집만 남아 있을 수가 없어서 여기저기 빚을 내어 이주비를 만들고 지원금을 받아 이사를 했다. 아마도 고등학교 1학년 때이지 싶다. 돈을 아끼려고 직접 시멘트와 모래를 섞어 비벼 가며 집을 지었던 기억이 난다. 하지만 아버지와 내가 힘들게 지은 그 집은 빚에 쪼들려 몇 개월 살지도 못하고 팔아야 했다. 경운기에 이삿짐을 싣고 다시 이사 간 집은 무척이나 허름했다. 집터를 살 돈이 없어서 집만 샀는데(당시 돈으로 400만 원 정도였다), 아버지와 둘이서 그 집을 다시 살 만한 집으로 고쳐야 했다. 바닥 미장부터 전기까지 모두 다시 공사하다시피 했다.

　아버지는 그리 성공적인 목수는 아니셨다. 한때 집을 지어 팔기도 하셨지만 그때마다 일이 잘 안 풀려 번 돈보다 잃은 돈이 더 많았다. 하지만 내게 있어 아버지는 큰 스승이시다. 아버지를 따라다니며 미장도 하고, 시멘트에 모래 섞는 비율도 배우고, 벽돌 쌓고, 미장 치고, 벽지 바르는 것까지 돕다 보니 자연스레 익힌 기술이 많았다. 아버지와 함께 했던 경험 덕분에 학교에서 전기 시설이나 배관 설비에 관한 이해도 쉬웠다. 보일러 공사도 온돌방 구들장 놓는 것과 비슷하다. 구들장은 땅을 점점 위로 가게 파고 넓적한 돌멩이로 눌러 아궁이에서 불을 때면 연기가 길을 타고 굴뚝으로 빠져나가며 방바닥을 덥히는데, 보일러는 연기 대신 뜨거운 물이 지나가는 것만 다를 뿐이다.

　초등학교 시절, 살림이 넉넉지 않아서 아버지 일을 돕는 것은 물론이고, 외동아들이라 아버지가 없을 때는 가장 역할도 해야 했다. 톱으로 나무를 베어 지게에 실어 오고, 도끼로 장작을 패고, 모를 심고, 소에 쟁기를 매달아 밭을 갈고, 소똥에 비닐을 씌워 거름을 만들고, 경운기가 들어온 다음에는 땅을 고르는 일까지 했다. 덕분에 주변에서 일 잘한다는 소리를 많이 들었다. 일이 너무 많아 늘 고됐지만, 싫든 좋든 그 많은 경험이 내 자산이 되었고, 뚝심과 근성이 생긴 것도 그때부터이니, 지금 생각해 보면 감사하기도 하다.

세월이 지나 개그맨이 되어 꿈을 이뤄 가고 있지만, 무대 설치에 관심이 많아 건축대학원에 진학하게 되었다. 인연이 되어 만난 교수님과 이야기를 나누던 중 "정말 관심 있다면 건축 분야를 공부해 보는 게 어떤가?"라는 조언을 받은 것이 계기가 되었다. 방송이나 연기 분야도 배워야 할 것은 많으나, 그동안 쌓인 경험과 건축의 매력은 의욕적으로 새로운 도전을 하게 만들었다. 건축대학원 진학 초기에는 졸업이나 석사학위를 떠나 쉽게 배울 수 있을 것이라 여겼다. 하지만 건축이란 생각보다 복잡하고 방대했다.

건축은 집을 짓는 원리뿐 아니라 그 건축물을 사용할 사람과 주변의 환경까지 생각해야 한다. 폼만 잡는 건축은 멋은 있을지 몰라도 그곳에 머무는 사람을 불편하게 만든다. 나는 건축을 배우면서 사람과 공간에 대해 많은 생각을 하게 되었다. 정글에 가면 현지의 집들이 지어진 모양과 사람들이 사는 모습을 유심히 바라보게 되는데, 생존을 위한 필수적인 지식을 얻기 위해서이기도 하지만, 건축을 배우면서 생긴 버릇이기도 하다.

건축에도 사회 현상의 변화에 따른 열풍이나 대세가 있다. 5일 근무제로 주말 여가 활동 시간이 늘어났다. 웰빙, 유기농, 자연과 환경에 관심이 많아졌고, 아파트보다 마당이 있는 전원주택의 선호도가 높아졌다. 얼마나 성공하느냐보다 얼마나 행복하게 사느냐가 중요해진 것이다. 삶의 질에 많은 영향을 주는 주거 환경에 대한 변화 욕구는 높아졌지만, 막상 집을 사고 팔고 짓고 하는 일은 경제적인 부담이 큰 모험 이상의 것이다.

건축학을 공부하고 정글을 오가며 변화에 도전할 수 있는 새로운 기회가 나에게 생겼다. 바로 내가 직접 설계부터 완공까지 참여한 '1억 주택' 프로젝트이다. 1억 원대에 제법 괜찮은 집을 완공하는 전 과정을 이 책에 담았다. 집을 짓고자 하는 모든 사람들이 자신의 삶에 맞게 '싸고 좋은 집'을 누구나 지을 수 있도록, '저렴한 표준 비용'이 될 만한 과정을 만들고 '고단열의 효율적인 주택'을 짓는 과정을 빠짐없이 기록했다. 또한, 나와 가족들의 작은 소망을 담아, 집짓기에 도전한 나의 건축일지이기도 하다.

나는 '1억 주택'을 지으며 프로젝트의 기획 시초부터 효율적인 설계, 주택의 기능적 역할을 고려한 시공, 자연을 담은 인테리어까지 전 과정에 직접 참여했다. 설계부터 시공까지 건축주로서 생각할 것도 배울 것도 많았다. 정글을 오가며 족장, 달인, 건축주, 건설자로 고되기도 했지만 많은 것을 얻은 도전이었다.

정글에서의 집짓기가 '임시 초막'이라면 이 책에 소개된 나의 집은 최신식 공법으로 104일 동안 완공한 '효율적인 보급형 주택'이다. 그래서 좌충우돌 부딪혔던 모든 과정을 소개하고 자신만의 맞춤형 집짓기에 도전하고자 하는 사람들에게 작은 도움이 되었으면 하는 바람이다.

정글과
나, 김병만

정글에 가면 나는 제일 먼저 집을 짓는다

　2011년 아프리카를 시작으로 파푸아, 바누아투, 시베리아, 마다가스카르, 아마존, 뉴질랜드, 히말라야, 캐리비언, 사바나……. 나는 지금까지 열 번 정글에 다녀왔다. 정글에서는 집, 땔감, 식량 아무것도 없는 상황일 때가 많다. 낮과 밤의 일교차가 30도가 넘는 곳도 있다. 만만치 않은 생존 환경에 제작진과 의료진이 항시 대기하고 있어 최소한의 생존과 응급 상황에서 도움을 받을 수 있지만, 우리 입장에서 그분들은 없다고 생각해야 한다. 정글에서의 생존은 부족원 스스로가 해결해야 하는 것이다.

　비박을 하는 경우도 있지만, 며칠씩 그곳에서 생존하라는 미션이 주어질 경우 집은 '터전'이라고 할 수 있다. 며칠 머물다 갈 집이라도 최소한 쉴 수 있는 공간이 되도록 비와 바람, 야생동물이나 벌레의 습격을 막을 수 있도록 안전하게 지어야 한다. 그래서 나는 정글에 도착하면 일단 잠자리를 해결할 집을 짓기 위해 주변을 둘러본다. 집이 위치할 가장 좋은 장소는 어디일까? 활용할 수 있는 재료들은 어떤 게 있을까? 지금 가지고 있는 도구는 무엇인가? 그리고 그 모든 것은 해가 지기 전에 완성해야 한다.

'머리'에서 '가슴'으로 집을 깨닫다

〈정글의 법칙〉에서 뉴질랜드 채텀섬에 갔을 때, 그곳에서의 미션은 석기 시대로 돌아가 원시 모습 그대로 생존하는 것이었다. 정말 '무'에서 시작해야 했다. 돌도끼, 기본 사냥도구, 털가죽 옷 정도의 생존을 위한 작은 도구들만 주어졌다. 만약 해안선 끝에 위치한 자연동굴이 없었더라면, 먹을 것이 아무리 많이 있었던들 그곳에서의 생존은 정말 어려웠을 것이다.

언젠가 주거의 변천에 대한 책을 읽은 적이 있다. 구석기인들이 본능적으로 맹수들의 습격, 비바람, 추위를 피하려고 바위틈과 동굴에 살기 시작하였고 도구의 발달로 큰 동굴을 다듬어 집단 거주하며 동굴이 음식의 부패를 방지하기 위한 보관처로도 쓰이다. 식량을 찾아 강가나 해안가로 이동하며, 동굴이 없는 지역에서 자연 피해를 막을 수 있는 초막을 치게 되었고, 구덩식 움집, 죽담집, 초가집, 기와집으로 점점 발달하여 오늘날과 같은 집이 된 것이라는 내용이었다. 아마 내가 정글에 가기 전이라면, 책에서 나오는 이런 이야기에 그저 고개만 끄덕였을 것이다. 하지만 정글에 여러 번 다녀온 지금, 이 이야기는 나에게는 단순한 이해가 아니라 깨달음처럼 다가왔다. 그리고 이번 프로젝트 도전으로 나의 정글 집짓기가 원시적 초막 짓기에서 최신형 주택 건축으로 발전했다. 내 능력이 진화한다. 멋진 일이다.

자연주의 웰빙 집만 짓습니다

정글에 어떤 집을 지을 것인지는 현지에 도착해 이동하면서 그곳의 집들이 어떻게 지어졌는지 관찰하며 힌트를 얻을 수 있다. 그 지역에 지어진 집들은 그 곳 환경에 가장 최적화된 집이기 때문이다.

현지의 집들이 땅바닥에서 떨어져 높게 지어져 있으면 '아, 이 지역은 매우 습한 지역인가 보구나.' 하는 생각을 하게 되고, 그렇지 않으면 '바닥에서 자도 견딜 만하겠구나.'를 생각한다.

정글에서 지었던 집은 모두 특징이 있었지만, 그중 가장 기억에 남는 것은 마다가스카르에서 지은 집이다. 나무 위에 대나무로 이층집을 지었는데, 한번쯤 지어 보고 싶었던 집이다. 주변의 대나무를 손질하여 버팀목 나무 위에 바닥으로 다지고, 숲에서 얻은 바나나 잎을 지붕으로 씌우고, 비닐을 덮어 이중 방수시설까지 갖췄다. 1층에는 대나무로 테라스까지 만들어 〈정글의 법칙〉 최초로 이층집을 마련했다.

바르디아 정글에 도착했을 때는 집터 선정에 많은 고심을 했다. 코끼리, 코뿔소, 표범, 벵갈 호랑이 등 온갖 위험한 맹수들이 우글거리는 지역이라 찰라의 위험을 대비해야 했다. 나무 위에다 집을 짓자니 자다가 표범이 올라올 것 같고, 바닥에다 짓자니 코끼리한테 밟힐 것 같고…… 결국 감시가 쉬운 강언덕으로 집터를 정하고 나무로 담을 쌓은 뒤 울타리를 만들어 숲인지 집인지 알 수 없도록 위장했었다.

정글에서 집짓기 재료는 최대한 가까운 주변 자연의 것들을 그대로 활용한다. 단단하고 튼튼한 나무로 기둥을 세우고, 잔 나뭇가지나 억새, 바나나 잎 등으로 지붕을 얹는다. 주어진 환경을 살피고 자연에서 구할 수 있는 재료만으로 집을 마련하는 것은 늘 만만치 않은 일이지만 어설프게 지어진 움막일지라도 변덕스런 비바람과 뜨거운 태양을 피해 단잠을 잘 수 있는 안식처가 되어준다. 그야말로 자연 친화적인 웰빙 임시 거처이다. 단, 환경과 최적화가 되었을 때 말이다.

나만의 정글에 도전하다

정글에서의 집은 원시적인 집짓기이다. 뜨거운 태양과 비바람, 습기를 피하기 위한 임시 초막이다. 그곳을 떠날 때는 자연 상태로의 복원을 위해 해체의 수순도 밟아야 하지만, 나와 부족원들이 땀 흘려 지은 집이기에 작은 성취감도 얻는다.

많은 사람들이 정글에서 집짓기가 현실에서의 집을 짓는 것에 도움이 되냐고 묻는다. 조금 다른 의미일 수도 있지만, 정글에서 나의 원시적인 집짓는 모습이 현실에서 제대로 된 건축에 도전할 수 있는 기회가 된 것도 도움이라 할 수 있지 않을까. 무심코 지나치는 경험들이 미래에 새로운 도전과 변화의 씨앗이 된다고 생각한다.

기능적으론 어릴 적 아버지 곁에서 배운 기술과 경험을 정글에서 활용하지만, 정글을 다니며 축적되는 경험들은 현실의 많은 것들에 보이지 않는 영향을 준다. 내가 살고 있는 집에 대한 느낌도 변화가 있었다. 언제부턴가 답답한 아파트에 갈증이 심해졌다. 그래서 내 손으로 직접 집을 짓고 싶었는지도 모른다.

현실에서 집짓기에 도전하여 내가 지은 집은, 열 개가 넘는 산그림자가 겹겹이 보이는 산 중턱에 위치해 있다. 하늘과 숲으로 가득하다. 나와 우리 가족이 같이 머물, 나만의 평온한 정글이다. 나는 지금 즐겁다.

contents

꿈꾸다

짓다

살다

꿈꾸다

어느 날 전화가 왔다.

"김병만 씨 당신과 함께 집을 짓고 싶습니다."

그때부터 생각했다. 나는 어떤 집을 꿈꾸는가.

나는 우선 어떻게 살고 싶은지를 고민하기 시작했다.

one

김병만 씨,
직접 집 지어 보실래요?

"병만이 형, 아홉 번째 집 지어 보실래요? 아니, 열 번짼가?"
"다음 정글 가서? 그러겠지."
"정글 말고요, 가평에요."
"응? 뭔 소리야?"
"1억 주택을 지어보자는데요?"
"1억에?"

사무실 책상 위에 두툼한 서류 하나가 놓여 있다.
'1억 주택 프로젝트(가칭)' 몇 장을 넘겨 보니 제법 멋진 주택 사진과 함께 '고단열 1억 주택'을 짓겠다는 이런저런 이야기들이 적혀 있었다. 사실 인쇄물에 적힌 수많은 글들은 눈에 잘 들어오지 않았다. 하지만 멋스런 조경에 특이하게 생긴 이층집 사진과 '1억 주택'이란 문구가 잔상을 남겼다.

"아까 연락 온 거 있잖아요. 거기서 보내 준 거예요."

성수에게 잠깐 이야기를 들은 것도 같다. 성수는 나와 가장 많은 시간을 함께 보내는 동생이자 나의 매니저이다.

"음……. 요즘, 1억으로 이런 집 한 채를 어떻게 지어? 사진에서만 집이 커보이나?"
"만나서 자세히 설명하고 싶다는데요."
"공동주택인가? 1억씩 모아서 공동구매하나?"
"……."
"아……. 1억에 짓는 집이면, 이 사진들이랑은 다르겠네. 1억에 이렇게 지어준다고 하면 다 좋아하게."
"1억에 어떤 집을 어떻게 왜 짓자는 것인지 확인해 봐야죠."
"……."
"프로젝트 취지는 좋은 것 같아요. 형이 관심 가지실 것 같았어요."
"그래?"

다시 서류뭉치에 손이 갔다. 마음을 동하게 하는 사진들. 푸른 잔디와 디자인이 독특한 전원주택들을 둘러싸고 있는 나무들. 번잡한 도시에서 숨 가쁘게 하루하루를 살다 보면 문득 풀 냄새 가득한 싱그러운 아침이 그리울 때가 있다. 정글을 오가다 보니 숲 냄새, 나무 냄새, 시골 냄새가 늘 정겹다. 나만큼이나 아파트를 답답해하는 아내 생각도 난다. 비 오는 날 풀 냄새 가득한 마당에

앉아 한가롭게 차를 마시고 싶다던 아내. 개그맨으로 어느 정도 자리 잡게 되어 좀 더 나은 아파트를 구해 살고 있지만 마음 한구석에는 가끔 어릴 적 시골 생활이 그립다. 언젠간 정원이 있는 집에서 살아야지 했다. 취지를 다시 읽어 보려다, 사진 속의 집이 마치 내 집인 양 생각이 꼬리에 꼬리를 물고 이어져 잠시 상념에 빠졌다. 그리고는 '1억 주택 프로젝트'가 갑자기 확 궁금해졌다.

"성수야, 취지가 좋다며? 만나서 들어 볼까? 어떤 1억 주택인지……."

남들은 나를 성공한 개그맨이라고 한다. 개그맨이 되겠다고 시골에서 막 올라왔을 때와 비교하면 어느 정도 맞는 말이다. 내 이름을 내건 프로그램도 생겼고, 함께 일을 하자고 찾아오거나 광고 섭외 연락도 종종 온다. 하지만 이런저런 제의가 늘어날수록 나는 점점 더 조심스러워진다. 예전의 나와 지금의 나는 다르지 않고 그대로인데, 나를 바라보는 시선과 대하는 태도는 이전과 많이 달라졌기 때문이다.

선배들은 이야기한다. 그렇게 모든 것이 바뀌어 갈 때가 가장 겸손해야 할 시기라고. 나 역시 그것을 느낀다. 참으로 이상하게도 보는 눈이 많아질수록 잘한 일보다는 잠깐의 실수가 확대 재생산되어 오해 아닌 오해를 불러일으키는 경우가 많다. 이런 제안 역시 마찬가지이다. 나는 어떤 제안이 들어오면 가장 빠른 시간 안에 결정을 내리려고 노력한다. 괜히 시간을 끌다가는 '건방져졌다'는 소리를 듣기 십상이다. 정글에 있을 때가 아니라면 가능한 한 신인처럼 빠릿빠릿하게 움직이려고 노력한다.

"병만이 형, 내일 오전에 사무실에서 보기로 했어요."

"어, 다른 스케줄은 없어?"

"네, 시간 따로 비워 놨어요."

그새 연락을 했는지 성수가 시간 약속을 알려온다.

집을 지어 보자는 이 제안을 듣자 마음 깊이 담아 두었던 씨앗이 꿈틀하는 느낌이 들었다. 물론 누구나 한번쯤은 자기가 살 집을 짓고 싶어 하겠지만 말이다. 어렸을 때 아버지를 도와 집을 지었던 것처럼 어머니께 내 손으로 직접 집을 지어드리고 싶었다. 그리고 언젠가는 나와 내 동료, 선후배들이 마음껏 관객과 호흡할 수 있는 개그전용관도 세우리라 다짐했었다. 또, 실현은 힘들 것 같지만 정글을 다니다 본 현지에 작은 학교를 지어 주고 싶은 바람도 있었다. 막연하게만 꿈꾸며 속 깊이 담고 있던 비밀을 들키기라도 한 것 마냥 가슴이 두근거렸다.

1월 4일. 새해가 되고 처음 있는 낯선 손님들의 방문이다.

박정진 대표. 명함에 적힌 이름이다. 복스러운 얼굴에 안경을 낀 이 사람은 자신을 '발트하임 waldheim'이라는 타운하우스 업체 대표라고 소개했다. 그 옆에 함께 온 사람은 이장호 이사. 자세히 보니 형제처럼 얼굴이 닮아 보이기도 했다.

수 년째 전세계 정글과
오지 구석구석에
집을 짓고 있는
집짓기 달인 김병만입니다.

"상패보다 책꽂이에 있는 건축 관련 서적이 더 눈에 띄는데요."

박정진 대표가 어느새 나의 책장을 눈여겨본 모양이다.

"아, 저거요. 공부할 때 보던 거예요."

"건축대학원에 다니신다고 들었는데……."

"스케줄 때문에 휴학한 상태에요. 조만간 다시 해야죠."

"건축 책들이 두껍고 크잖아요. 다 읽어 보셨어요?"

"어려운 이야기가 많더라고요."

"어렵고 힘들 때는 정신이 없잖아요. 베개라도 하라고 저렇게 두꺼운 거예요."

"아, 그렇게 쓰는 건가요? 하하."

건축과 관련된 프로젝트라 그랬는지 명함을 교환하고 나눈 첫 이야기가 건축에 관한 이야기였다. 이장호 이사의 유머는 첫 만남의 서먹함을 풀어냈다.

"혹시 제안서는 보셨나요?"

"네, 보긴 했는데……. 자세한 내용은 잘 모르겠더라고요. 1억 주택을 지어 보자는 것까지는 알겠는데, 저에게 원하는 것이 뭔지 모르겠어요. 이 프로젝트에서, 저에게 어떤 방식의 참여를 제안하시는 거죠?"

박정진 대표가 잠시 뜸을 들이더니 말을 이었다.

"김병만 씨, 집 한번 지어 보시겠어요?"

"네? 직접요?"

"네, 그냥 집 말고 김병만 씨가 살 집을 직접 지어 보는 겁니다."

"……."

"누구나 지을 수 있도록 표준이 되는 '싸고 좋은 집'을 지어 보려 합니다. '1 억 주택'이지만 품질과 비용이 모두 착한 집이여야 합니다. 단가만 낮추고 해야 할 공정을 제외해서 1억 원이라는 비용에 맞추는 것이 아니라, 제대로 잘 지어진 표준 주택으로, 친환경적이며 관리비도 적게 드는 '에너지 절감형 고단열 1억 주택'을 만드는 것이 목표입니다. 현재, 성공적인 프로젝트가 되기 위해 기획을 계속 보강하고 있습니다. 무엇보다도, 도전과 열정의 아이콘, 달인 김병만 씨가 건축 공부까지 하셨으니 직접 참여하셔서 핵심적인 도움 주셨으면 합니다. 한 마디로 김병만씨가 '1억 주택' 프로젝트의 1호 건축주가 되어 주시면 됩니다."

"함께 집을 짓자는 제안은 처음이라서……."

"프로젝트의 성공과 사회적 이슈가 '싸고 좋은 집'을 원하는 사람들에게 도움되는 일이 될 것입니다. 가능하다면, 김병만 씨가 건축주의 입장이 되어주시면 더 좋겠습니다. 다각도에서 '1억 주택'의 새로운 주택 공법을 고민하고 있습니다. 셀프하우징이 가능한 주택 콘셉트도 포함해서요."

"……."

"다른 분이라면 이런 제안이 어울리지 않겠지만 김병만 씨라면 답이 나올 것 같아요."

"……."

"현재까지 생각해 본 가능성은요. 공정의 단순화, 응용 가능한 규격화나 효율성, 전문성 등으로 비용을 절감하여 주택 건축 비용이 1억 원 안에서 가능하

도록 하려 합니다. 그리고 수요가 많아지면 규격화와 표준화가 가능한 상품이 되는 겁니다. 프로젝트의 목표인 국민주택 상품으로요. 조립주택은 아니고, 모듈주택 * 과 흡사할 수 있지만, 새로운 형식의 모듈주택 방향이지 않을까 합니다."

"……"

● 모듈주택 박스 형태의 철 골 구조체로 만들어진 주 택으로 최근에는 친환경 주의를 접목하여 미래지 향적인 전원주택형으로 접근하는 추세이다.

"이를 위해, 건축에 관련된 각 분야의 전문가들과 타당성 조사가 필요합니다. 실현 가능성 높은 기획의 방향이 확정되면, 공정 회의를 통해 이번 프로젝트에 적합한 주택 공법과 설계 방향을 기준으로 공정을 정합니다. 그리고 국민주택 보급화까지 생각하는 우리는, 주택이라는 특성상 목업주택[•]을 직접 지어 봐야 해요. 완공 후, 누군가 직접 거주하며 그 주택의 품질도 검증해야 하고요. 그 결과가 좋지 않다면 다시 과정을 반복해야 합니다. 이런 모든 과정의 기획, 설계, 공사, 입주까지 직접 참여하시게 됩니다. 한마디로, '1억 주택'을 직접 짓고 살아 보시면 됩니다."

"음, 진짜 저보고 집을 지으라는 거군요……."

"병만 족장님, 가평에선 식량 조달, 집짓기 재료. 제가 다 구해 올게요. 집만 지으시면 됩니다."

"재밌겠는데요."

이장호 이사의 한마디에 잠시 긴장돼 있던 분위기가 이내 웃음으로 변했다. 내가 흥미를 보이자 옆에 앉아 있던 성수가 눈짓을 한다. 조급하게 결정하거나 확답을 하지 말라는 신호이다. 이런 결정은 소속사와 함께 결정을 내려야 한다. 나와 함께 새로운 집 짓기 문화를 만들어 가자는 것 같다. 생각보다 큰 이야기이다. 박 대표는 이 프로젝트를 고민하다가 문득 내 생각이 났다고 한다. 늦은 나이에 건축을 공부하기 위해 대학원에 진학하고, 정글에서 부족원과 함께 집을 짓는 모습을 보면서 내가 참여해 준다면 천군만마를 얻은 것이나 진배없다는 기대를 했다고 한다. 그 말에 부담스럽기도 하고 그동안 날 지켜봐 온 마음이 고맙기도 했다.

• 목업주택 신제품 개발시 설계 도면과 같은 형태로 만드는 일종의 시제품으로, 제품의 컨셉을 정확히 반영해 추후 실제로 양산, 판매될 제품과 동일하게 제작한 완제품을 말한다. 주로 제품의 디자인과 형상, 기능, 생산성 등을 사전에 검토하기 위해 목업(mock-up)을 제작한다.

"집 말예요. 보내 주신 자료를 보니까 지었던 집들이 아주 근사하던데요."

"저희가 짓는 것은 주로 타운하우스예요. 단지형 단독주택이죠. 작년에 타운하우스 분양을 완료한 회사는 저희가 유일합니다."

"그래요? 요즘 건설 경기가 안 좋던데, 모두 분양이 되었다니 비결이 있나 보네요."

"쌌거든요."

"네?"

"싸고 좋은 집을 지으려고 했어요. 욕심 안 부리고 싸게 분양하니까 다 팔리더라고요."

"아무리 싸도 보내준 자료처럼 지었으면 비용이 꽤 들었을 텐데요?"

"음. 설계부터 시공까지 직접 참여하여 원가와 공정 관리에서 정말 많은 노력을 했죠. 최대한 품질을 유지하며 최적 공비로 최적 시간 내에서 비용을 낮추려 끊임없이 노력해서 가능했죠."

"그럼, '1억 주택'도 어렵지 않겠네요?"

"아, 아닙니다. '1억 원'이란 아주 어려운 목표예요. 현실적으로 단독주택을 지으려는 예비 건축주가 품질 좋은 집을 싸게 짓기란 쉽지 않습니다. 단독주택 공사의 공사비 규모가 적다 보니 단독주택만 전문적으로 시공하는 전문가 기업은 전무하거든요. 공정은 많고 이윤이 많이 남지 않는 구조라서 대형 건설 시공사는 안 하려 하죠. 대부분 영세한 1~2인 업체가 많고 그나마 조금 규모 있는 업체도, 대부분 수없이 내려가는 하도공사로 제대로 된 품질 관리가 어려운 게 현실이거든요. 그러니 건축주는 싸게 지으려 하고 시공업체는 많이 받으려 하고, 어떤 시공사가 건축주의 입장에서 공사과정을 진행하려 하겠어

↑ 발트하임에서 지은 타운하우스 풍경

요. 대부분 평생에 한 번 내 집을 지을까 하는 단독주택 건축주들이 시공사에게는 다시 찾아오질 않을 고객이기도 하고요."

"평생에 집 한 채 지으면 성공한 거죠. 그래도 박 대표님은 몇십 채씩 지으니까 다르겠죠."

"저도 경험 많은 건축주일 뿐이라 예비 건축주의 어려움을 많이 공감해요. 직접 시공팀을 꾸리고 모든 공사를 직영으로 하기 전에는 시공사와 마찰은 물론이고 하자까지 정말 힘들었던 적이 많아요. 집짓고 아쉬움 안 남는 건축주가 어디 있겠어요. 그래서 건축주와 같은 입장으로 생각이 더 많아지게 됐어요. 합리적인 설계비는 얼마인지, 각 공정별 실제 원가는 얼마인지, 노무자의 인건비는 적절한지, 시공사의 이윤은 어느 정도까지 허용될 수 있는지, 끝도 없는 인테리어의 한계는 어디까지인지, 내가 직접 할 수 있는 셀프하우징이 가능한지, 정말 좋고 합리적인 공법은 무엇인지, 어떻게 집을 짓는 것이 가장 합리적인지, 가장 싸고 좋은 집을 지을 수 있는 방법은 무엇인지……. 건축주가 가지는 궁금증을 같이 고민하죠."

나도 늘 박정진 대표와 같은 생각이었다. 주변에서 자기 집을 짓는 사람을 보면 막상 건축주가 마음대로 할 수 있는 게 별로 없다. 만 원짜리 물건을 살 때도 자기 마음에 들 때까지 고르고 또 고르는데, 그 몇만 배나 비싼 집을 말이다. 평생 모은 돈으로 집을 짓고 아쉬워하는 사람들의 속내가 그저 욕심이려니 했다.

그러나 생각해 보니, 개인이 지은 집이 아파트 같은 공동주택의 전문성과 품질을 따라가는 것이 힘들기에 그럴 수도 있을 것 같다.

"그래서요?"

"그래서 시작한 것이 '1억 주택' 프로젝트지요. 불가능해 보이는 1억 원이란 한정된 금액으로 비용과 품질을 한눈에 알 수 있는 주택 건축의 새로운 표준을 만들어 보려고요. '싸고 좋은 집'을 진짜 제대로 누구나 지을 수 있게요. 프로젝트 성공하면 원가 공개도 하려고요."

"좋은 집이란 기준이 뭐죠?"

"사실, 좋은 집의 기준을 잘 모르겠어요. 개인주택의 특성상 편차가 많죠. 집을 수십 채 지어 본 저도 주택을 어떻게 짓는 것이 가장 적정한 것인지 늘 고민해요."

"아니, 대표님이 모르면 누가 알겠어요?"

"제 개인적인 의견으로, 좋은 집의 조건으로 두 가지를 중요하게 생각합니다. 첫째는 난방비가 적게 들면서 따뜻한 집이고, 둘째는 비가 새지 않는 방수와 방습이 잘 되는 집이죠. 사실 인테리어가 화려하다고 좋은 집이라 말하기는 힘든 것 같아요. '눈에 보이지 않는 단열성이나 기밀성을 위해 얼마나 공들여 지었나'가 좋은 집의 중요한 기준 같습니다."

"그렇죠. 눈에 보이지 않는 것들이 중요할 때가 많죠."

"그럼요."

"프로젝트가 성공하면 정말 국민주택이 될 수도 있다고 생각하나요?"

"네. 토지 대금을 제외한 건축물의 비용이 1억 원이라면 각자가 가능한 예산 안에서 어느 지역이든지 가능할 것 같습니다. 예를 들어, 요즘같이 높은 전세 비용으로 집을 구하기 힘든 때, 차라리 서울 근교로 내 집 마련을 하고자 하는 건축주들이 많습니다. 서울 근교에 토지대가 3.3㎡(1평)당 70만 원 정도인 대 지를 330㎡(100평) 정도 구입하면 1억 7천만 원 정도가 됩니다. 그리고 주택 건축 비용으로 1억 원이 든다면, 이는 보통 서울의 웬만한 아파트 전세 비용이 안 되는 금액입니다. 이런 생각에서 '1억 주택'이란 목표는 내 집 짓기를 꿈꾸 는 모든 사람들에게 큰 희망을 줄 수 있는 일이라고 생각합니다."

방배동의 작은 식당에서 점심때 시작된 대화는 저녁 9시가 되어서야 마무리 가 되었다. 시커먼 남자들끼리 재미없는 건축 이야기로 9시간 수다를 떨다니 이 또한 재밌는 일이다. 왜 그랬을까? 보통 처음 만난 사람들과 깊은 이야기 를 나누기란 쉽지 않은 일이다. 개그맨이라는 직업상 사람들은 내가 외향적이 고 붙임성이 있을 것이라 생각하지만 사실 나는 매우 내성적이다. 일단 친해 지면 말이 엄청나게 많아지지만 처음 만난 사람과는 낯가림이 심해 대화를 잘 나누지 못한다. 그런데 이상하게도 이들과 함께 집에 관한 이야기를 나누는 것은 첫 만남임에도 오랜 지인을 만난 것만큼이나 편하게 느껴졌다.

정글을 다니다 보면 현지 사람들의 사는 모습이 열악한 경우가 많다. '다시 이곳에 온다면 학교라도 지어 주어야지.'라고 생각한 적이 한두 번이 아니다. 하지만 내게는 그런 것을 실현할 만한 마땅한 수단이 없었다. 박정진 대표와 이장호 이사에게 그런 속내를 살며시 내비쳤다. 만약 집을 짓는다면 어떻게 싸고 좋은 집으로 지을 것인지, 원가 공개는 가능한지, 단독주택을 꿈꾸는 아이가 많은 가족도, 둘만의 취미 공간을 원하는 도시의 신혼 부부도, 개인적인 작업 공간을 원하는 예술인도, 평온하고 단출하게 자연을 누리고 싶은 실버 세대도 누구나 만족할 수 있는 설계가 나올 수 있는지. 정말 1억 원대에 가능한 것인지……. 이런저런 이야기들이 끝도 없이 이어졌다. 결국 나는 '1억 주택' 프로젝트 속으로 점점 빠져 들어가고 있었다.

↑ 발트하임에서 지은 타운하우스의 정경.

보금자리가
들어설 곳에 가 보다

가평으로 가는 길이다. 지금 가는 곳은 설악면.
새로 뚫린 경춘 고속도로가 시원스럽게 길을 열어 주었다.

"형, 진짜 하실 거예요?"
"글쎄."
"……."
"할 수 있으면."
"형 스케줄이……."
"알아. 나 튼튼하잖아."

　오랜 시간을 봐와서 그런지 내가 이 일에 끌리는 것이 보이나 보다. 성격상 척하지 않을 것을 알기에 걱정되는 모양이다. 예전에는 가평에 가려면 꽤 많은 시간이 걸렸지만 지금은 서울에서 출발해 한 시간도 채 걸리지 않는 거리가 되었다. 강남이나 태릉에서 출발하면 30분이면 도착할 수 있다.

나는 일단 마음먹으면 될 때까지 한다. 어정쩡한 것보다는 확실한 것이 좋다. 하지만 이 일의 경우 스케줄이 문제이긴 하다. 집을 짓는다는 것이 하루 이틀에 끝나는 것도 아니고 내가 매일 시간을 내어 참여할 수 있는 조건도 되지 않는다. 잘못하면 어영부영 이름만 내건 꼴이 될 수도 있다. 그래도 자꾸만 마음이 간다. 집이다. 내가 꿈꾸던 집을 짓는 일이다. 이건 마치 내게 온 또 하나의 기회처럼 여겨졌다. 건축 공부를 시작한 것도 따지고 보면 비슷한 일이었다. 언젠가 오게 될 그 날을 위해 배워 두고 준비해 둔 것이다.

설악IC에서 나와 좌회전을 하고 100미터 못 미쳐 발트하임 설악에 도착했다. 입구에 들어설 때까지는 몰랐는데, 산 중턱에 위치한 그곳은 조망이 일품인 곳이었다. 보안도 잘 되어 있고 집도 튼튼해 보였다.

박정진 대표와 직원들이 나와서 환영해 주었다.

"와, 기가 막힌 자리에 타운하우스가 들어섰네요."
"보는 순간 살고 싶다는 생각이 들어야 하니까요. 집터를 볼 때 저는 제가 살고 싶은 곳을 잡아요. 사람들 생각은 다 비슷한 구석이 있잖아요."

맞는 말이다. 내가 살고 싶어야 다른 사람도 살고 싶은 것이다. 만일 내가 직접 집을 짓는다면, 나 또한 내가 살고 싶었던 집으로 짓고 싶다. 그래야 다른 사람들도 그런 집을 보고 살고 싶을 테니까.

시원한 경치를 구경하며 지난번에 못다 한 이야기가 시작됐다. 이미 많은 정보를 나눈 것 같았는데 이야기를 할수록 더 쏟아져 나왔다. 지난번에 중구난방으로 떠들던 이야기를 나도 많이 정리했지만, 박정진 대표도 나와 헤어진 후에 이 프로젝트를 어떻게 정리하고 엮어갈 것인지 생각한 모양이다. 그러면서 자꾸 반복되는 주제는 '어떻게 지어야 좋은 집인가' 하는 것이었다.

수많은 오지를 다니며 정글에서부터 점점 도시로 나오면서 집들이 변화해 가는 것들을 보며 집의 본질에 대해 고민을 해 본 적 있다. 흔히 우리가 집에 관한 이야기를 나누다 보면, 어느 동네 어디 건설사의 어떤 아파트인지, 면적은 얼마이고 방은 몇 개나 되는지, 인테리어에 돈은 얼마나 들였는지 등 보여주고 자랑하기 위한 수단으로 이야기하는 경향이 있다. 지금의 집 문화를 생각해 보면 집의 본질을 잃어버린 것 같다는 생각을 했었다.

집이란 가족이 모여 편히 쉴 수 있는 공간. 여름에는 더위를, 겨울에는 추위를 막아 주는 삶의 기본이 되는 공간. 아이들이 뛰어놀고 세월과 함께 추억이 가득 남는 공간일 것이다.

그런 집을 적은 비용으로 지을 수 있다면? 이런 희망을 함께 공유하자는 것이 이 프로젝트의 핵심이다. 1억 원에 정말 잘 지은 표준주택 건축이 가능해지면, 그건 정말 내 집을 짓고자 꿈꾸는 이들에게 희망적인 이야기가 될 것이다.

최근에는 아파트가 아닌 주택에 대한 관심이 높아지고 있다. 삶의 질이 변하고 있기 때문이다. 하지만 집이란 일단 지으면 마음에 들지 않는다고 허물기도 쉽지 않거니와 비용도 많이 들고, 또 전문가가 아니다 보니 질 나쁜 시공사를 만나 사기를 당하지는 않을런지, 짓고 나서 하자가 생기면 어쩌나 하는 걱정에 집 짓는 것을 선뜻 결심하기에는 어려운 점이 있다.

그런 사람들에게 표준화된 단계로 안심할 수 있는 집을 지을 수 있다면, 그것도 아파트보다 저렴한 비용에 지을 수 있다면 정말 '국민주택'이 되지 않을까? 그런 생각이 들다 보니 갑자기 '1억 원에 집짓기'란 화두가 무슨 일이 있어도 꼭 해내야 할 미션처럼 느껴졌다.

'1억 주택' 프로젝트를 성공하기 위해서 이런저런 이야기를 함께 하다 보니 몇 가지 안이 정리됐다.

<u>첫째, '전문가 그룹'을 만든다.</u> 우리만으로 할 수 있는 일이 아니다. 할 수 있더라도 이 일을 하기 위한 건축전문가 그룹을 팀으로 만들어 함께 논의하고 안을 도출하는 것이 바람직하다. 이를 위해 건축구조, 설비, 전기, 에너지, 친환경, 토목 등의 전문가 들이 필요하다. 전문가들이 함께 머리를 모으면 좋은 안들이 많이 나올 것이다. 수많은 자재업체 또한 미팅을 해야 한다니 쉽지만은 않은 일이다.

<u>둘째, '1억 주택'이 가능한 '주택 공법'을 개발한다.</u> 가장 중요한 부분이다. 비용을 줄이고 좋은 집을 만들기 위해서는 포기해야 할 것도 있고 포기할 수 없는 것도 있다. 건축주의 요구를 최대한 합리적으로 반영하고 기능

적 역할이 효율적인 주택이어야 한다. 그러자면 1억 원에도 훌륭하게 집을 지어낼 수 있는 공법이 필요하다. 이때 중요한 우선 순위는 저렴한 건축비가 가장 먼저일 것이고, 그다음은 관리비가 적게 드는 에너지 절감 주택을 지향해야 하는 것이다. 거기에 친환경적이면 더 좋고, 건축주가 직접 설계나 시공에 참여할 수 있는 셀프하우징이면 더더욱 좋다.

셋째, '맞춤형 주택 설계'에 대한 부분이다. 누구나 선호할 수 있고 기본적으로 건축주의 요구를 최대한 수용하면서 합리적이고 효율적이어야 한다. 무엇보다 공간설계가 획일화된 아파트에 비해, 건축주 맞춤형 설계로 이루어지는 단독주택의 장점을 부각시켜, 차별화된 특화 공간을 만들어 보자.

이것은 건축주의 다양성을 최대한 집에 담자는 것이다. 보통 집을 지으려는 사람들은 방이 몇 개, 욕실은 몇 개부터 생각한다. 대형 건설회사에서 만들어 놓은 아파트 평면을 보고 집을 고르는 것이 익숙해서이다. 하지만 단독주택은 나만의 취향을 고려하여 개성 있게 만들 수 있다. 예를 들어 음식을 중시하는 가정이라면 주방을 집의 중심으로 만들 수도 있고, 재밌는 구조를 원하는 가정이라면 계단을 미끄럼틀로 만들 수도 있을 것이다. 그래서 이 프로젝트에서 지어지는 집은 건축주의 다양성을 모두 담을 수 있는 그릇이 되어야 한다.

넷째, 신개념 보급형 표준주택을 위한 '목업 시공'이다. 설계 과정을 포함해 제대로 된 결과물이 나올지 실험적으로 집을 지어 보는 것이 목업 시공이다. 완공 후 예산과 집행비의 비교가 확인되므로 표준화 작업이 가능할지 가늠할 수 있다. 또한, 건축비 절감을 위한 건축주의 셀프하우징 한계도 확인해 본다. 직접 집을 짓는다는 것이 경험없는 보통 사람에게 쉬운 일은 아니다. 하지만 달인은 아니어도 열정이 있다면 가능할 수 있도록 '목업 시공'의 공정을 단순화해 보자. 실제 건축 비용의 대부분은 인건비로, 자재비보다 많은 부분을 차지하기도 한다. 외국의 영화나 드라마에서 보면 주말에 남자들이 쉽게 집을 고치는 장면을 볼 수 있는데, 이처럼 단순화된 공정으로 인건비를 줄여 가며 내 손으로 쉽게 할 수 있는 방법을 만들어야 한다.

다섯째, '기록'이다. '1억 주택' 프로젝트의 기획, 설계, 시공, 완공까지의 전 과정을 기록하여 책으로 출판해 보자는 데 의견이 모아졌다. 건축주 김병만의 셀프 시공과 주택 건축의 시공 단계별 현장일지, 프로젝트에 참여한 전문가들의 조언, 원가 공개 등 예비 건축주를 위한 다양한 정보들을 담아 보기로 했다.

서로 넘쳐나는 의견들을 정리하며 내가 "이럴 수도 있지 않아요?" 하고 말을 던지면, 박정진 대표가 "그건 이런 방법은 어떨까요?" 하고 다시 말을 받

고, 이장호 이사가 "이렇게 저렇게 하면 실현 가능할 것 같네요." 해서 완벽하게 정리된다. 나뿐 아니라 두 분도 정말 호흡이 척척 맞는다. 이야기는 점점 무언가 이루어질 것 같은 분위기로 흐르고 있었다.

함께 근처 식당으로 밥을 먹으러 갔다. 현장이 이 부근에서 멀지 않아 저녁 때가 되면 주로 이곳에서 식사를 한단다. 현장 일을 시작하면 나도 자주 오겠다는 생각이 들었다.

'현장에서 땀 흘리고 나면 꽤나 배고파질 텐데. 이 근처 맛 집 좀 알아 놔야겠네.'

순간 나 혼자 피식 웃고 말았다. 아직 확정도 안 했는데 내 마음은 벌써 저만큼 뛰어가고 있었다.

식사 후, '목업주택'을 시공할 현장으로 향했다. 내 집을 짓게 될 현장이다. 현장은 설악IC에서 차로 5분도 채 안 되는 거리에 있었다. 산 중턱인 이곳은 아래에 있을 때는 잘 몰랐는데 진입로에서 현장까지 들어오는 길이 S자를 그리며 나 있었다. 아직 포장이 안 되어 있다는 점만 빼면 매우 훌륭한 길이었다. 진입로가 꽤 길었는데, 땅값을 생각하면 큰돈을 들였을 것 같은 생각이 들었다. 이장호 이사에게 물으니 그 진입로는 절반은 매입을 했고 절반은 비용을 내고 사용 승낙을 받았다고 한다. 진입로를 내는 일이 너무 힘들어서 사연이 1미터마다 첩첩이 쌓였다고 한다. 타운하우스나 단지형 주택은 이런 비용이 저렴하게 들기 때문에 단독으로 짓는 집보다 유리한 점이 많다고 한다.

드디어 현장. 차에서 내려 축대가 쌓여 있는 곳까지 걸어갔다. 거의 완성된 집 한 채가 보였다. 그 옆 빈 공터를 서성서성 둘러보다 멀리 시야를 돌리는데 눈앞에 동양화 한 폭이 펼쳐져 있었다.

'아! 이런 곳도 있구나.'

감탄사가 절로 나왔다. 집터 앞에는 산이 막혀 있지 않아 시원한 느낌이 들었고 그 너머에는 족히 열 개는 넘는 산들이 겹겹이 겹쳐져 산 그림자를 드리우고 있었다.

"여기 분양은 다 하셨어요?"

"아직 시작 안 했어요. 좀 더 마무리하고 해야죠."

"내가 지을 집터는 어디죠?"

"저쪽 숲 있는 데 보이시죠? 그쪽으로 할까 생각하고 있어요."

"이곳에 몇 세대나 들어오나요?"

"약 40세대 정도요."

"다른 땅들도 개발되나요?"

"지금 병만 씨가 서 계시는 옆쪽 땅은 대학에서 가지고 있는 연구용 수목원이에요. 개발될 확률이 거의 없어요. 저 숲 쪽은 건너편에 사유지가 조금 있는 모양인데, 어찌 될지는 잘 모르겠네요."

"집을 짓게 되면 지금 이 자리에 지어도 돼요?"

"물론이죠. 아직 분양이 안 되어 있으니까요."

"그럼 이 자리로 하죠. 전망이 정말 좋네요. 맨 끝에 있어서 사생활 보호도 될 것 같고……."

↑ 집을 짓기 전 풍경. 내 집터 옆에 다른 주택이 들어서고 있었다.

"여기가 마음에 드시나 보네요."

"예전에 땅을 보러 다닌 적이 있어요. 하지만 이렇게 첫눈에 마음에 와 닿는 데는 없었어요."

"게다가 정남향이죠. 이런 전망이 나오면서 분양할 지역 전체가 정남향인 곳은 거의 없어요."

나도 모르게 확답을 한 셈이 되어 버렸다. 왜 갑자기 그런 말이 나왔는지 나도 잘 모르겠다. 그냥 끌렸다는 말밖엔 표현할 말이 없다. 처음에는 '1억 주택'이라는 메시지에 마음이 끌렸지만, 지금은 이 프로젝트에 참여함으로써 내가 첫 번째 수혜자가 될 수도 있을 것이라는 두근거림이 전해져 왔다.

설레던 생각들이 어느덧 하나둘 정리되고 이제 시작하는 일만 남았다. 그리고 정글로 돌아갈 시간도 점점 다가오고 있었다.

three

"열심히 배우겠습니다."

　　그 후 몇 차례 가벼운 회의로 진행 일정 정도만 공유하다가 드디어 첫 번째 공정 회의를 한다고 해서 출동했다. 이제까지 했던 이야기들을 구체화시키기 위해 전문가들과 함께 하는 첫 회의라고 했다. 지금까지는 박정진 대표나 이장호 이사와 이야기하면서 나도 건축에 문외한은 아니라는 생각으로 조금은 자신감을 갖던 차였다. 하지만 건축사사무소에 도착해 들어간 순간 깜짝 놀라고 말았다. 생각보다 많은 사람들이 모여 있기도 했거니와 디엔비 건축사사무소 조도연 대표를 비롯해 건축 각 분야 전문가들의 명함을 받으며 인사를 하다 보니 나도 모르게 주눅이 들었다.

　　순간 이 프로젝트가 가볍게 볼 만한 프로젝트가 아니라는 생각이 들었다. 새로운 대안 건축을 생각하는 사람들이 이렇게 많구나 하는 생각에 자세를 바로잡게 되었다. 게다가 사실 나는 건축을 별반 알지도 못하는데, 여기 모인 분들은 내가 중요한 무언가를 해 주길 기대하고 있는 듯했다. 일단 꼬리를 팍 내리기로 했다.

"전 학생으로 왔습니다. 열심히 배우겠습니다."

모르는 것이 있을 때 잘난 척하는 것만큼 어리석은 짓도 없다. 그런데 나는 달인의 이미지가 강하다 보니 못 한다고, 모른다고 말하기가 어려울 때가 있다. 그래서 처음부터 고개를 숙이고 배우려는 자세로 임했다. 예상한 대로 이야기는 굉장히 디테일하고 전문적인 방향으로 흘러갔다. 국민주택이라 불릴 수 있는 '1억 주택'이라는 대명제를 두고 과연 어떻게 집을 지어야 할지 의견을 모아 보았다.

먼저 기획 의도를 점검하며, '1억 주택'의 목표가 정해졌다.

'1억 주택' 프로젝트의 목표

꿈꾸는 사람들을 위한,
국민주택이 될 수 있는 진짜 제대로 잘 지어진 **'표준주택'**

짓고 싶은 사람을 위한,
품질과 비용이 모두 착해서 누구나 지을 수 있는 **'싸고 좋은 집'**

살고 싶은 사람을 위한,
친환경적이고 관리비가 적은 **'고단열 1억 주택'**

첫째, **꿈꾸는** 사람들을 위한,
국민주택이 될 수 있는 진짜 제대로 잘 지어진 **'표준주택'**

국민주택 규모의 표준주택을 1억에 건축한다. 갑자기 모르는 말이 튀어나와 좀 당황했지만 LH 공사에서 판매하는 단독주택 용지에 지을 수 있는 규모라면 전국 어디에서나 지을 수 있다는 의미라고 조도연 대표가 부연 설명해 주었다. 법규에 문제없는 설계라면 더욱더 그렇다고 하니, 국민주택을 지향한다면 당연히 생각해 두어야 할 사안이다. 전문가들이 모이면 원래 이런 이야기를 하나? 이야기가 점점 커지고 있었다.

둘째, **짓고 싶은** 사람을 위한,
품질과 비용이 모두 착해서 누구나 지을 수 있는 **'싸고 좋은 집'**

이 부분은 참 어려운 이야기다. 공사비를 줄이고 공사기간을 단축하려면 단순화된 공정이 필요하지만 이제까지 하던 공정들을 무조건 줄인다고 되는 일이 아니기 때문에 난관이었다. 모든 사람들이 '단순화된 공정'을 해야 한다고 한목소리로 말했지만 방법론에 들어가면 갑론을박이 되곤 했다. 소재에 따라서도 구조에 따라서도 '단순화'란 의미가 적용되면 여러 문제가 뒤따랐고, 또 단순화를 어디까지 가능하게 할 것인가도 관건이었다.

셀프하우징까지 나왔는데 과연 건축주가 직접 집을 짓는다는 것이 가능한 일이기는 할까? 이 문제는 어떤 소재로 집을 지을지 결정한 후에 다시 이야기하기로 했다. 그리고 '1억 주택'이 국민주택이 되려면 저가 주택이 되어서는 안 된다. 필요한 공정을 빼서 비용을 맞추는 것 또한 안 된다. 하지만 인테리어 수준을 기존의 발트하임 타운하우스 정도까지는 맞추어야 한다고 하니 다들 한숨을 내쉬었다. 문제는 비용이었다.

셋째, **살고 싶은** 사람을 위한,
친환경적이고 관리비가 적은 **'고단열 1억 주택'**

특히 연중 관리비 중에 가장 골치 아픈 난방비에 대한 이야기로 시작했다. 처음 알게 된 이야기지만 우리나라 주택은 겨울집으로 규정해야 한다고 한다. 우리나라가 점점 아열대 기후화되어 간다며 여름이 길어진다고 난리인 시점에서 겨울집이라는 말이 언뜻 이해가 되지 않았다. 문제는 난방을 하는 시기. 겨울에 난방을 하는 것은 당연하고 봄 역시 난방을 한다. 보통 4월 중순까지는 난방을 해야 밤에 한기를 느끼지 않게 된다. 난방을 시작하는 시기도 9월이면 시작된다. 8월 중순이 지나면 더위가 한풀 꺾이고 9월이 넘어가면 냉한 기운이 사람을 괴롭히기 때문이란다.

가만히 들어 보니 맞는 말 같았다. 그럼 1년 중에서 약 4개월 정도만 난방을 하지 않을 뿐이니 겨울집으로 봐도 무난할 듯하다. 조금만 난방을 하여도 집 안이 훈훈해지는 시스템을 만들 경우 무더운 여름도 좀 더 쉽게 날 수 있다고 한다. 그래서 난방의 가장 중요한 요소인 단열이 도마 위에 올라 많은 이야기들이 오갔고, 주택의 구조와 현대 주택에서 난방을 크게 좌우하는 창에 대해서도 심도 있는 이야기들을 주고받았다. 결론은 우리가 지어야 할 집은 패시브 인증*까지는 아니더라도 그에 준하는 관리비가 저렴한 주택을 지어야 한다는 것이다.

이야기를 듣다 보니 정말 흥미진진한 강의를 듣는 학생이 되어 버린 느낌이었다. 이 정도의 가이드라인을 정해 놓고 다시 토론에 돌입했다.

● 패시브 인증 사실 패시브 인증은 공인된 것이 없다. 여기서는 독일 패시브 협회에서 재정한 기준에 따라 패시브 인증을 하는 것을 이야기하는 것이다. 이 인증이 패시브하우스의 기준이 되기 때문에 이에 따르는 것이다.

패시브하우스 단열 성능을 높여 집안의 열을 최대한 보존하고 외부의 기운을 차단하여 화석연료 사용을 최대한 억제한 주택. 통상 냉난방에 드는 에너지가 1㎡당 10W 이하인 주택을 가리킨다. 이 기준은 우리나라 주택 평균의 20%에 불과한 에너지를 사용한다는 뜻이다.

이번에는 집의 규모를 검토해 봤다.

가장 중요한 구조와 구조 공법, 어떤 재료로 집을 지을 것인지도 정해야 했다. 먼저 목조주택과 철근콘크리트주택, 황토주택, ALC주택[*], 그리고 다른 새로운 재료를 이용한 주택을 비교하는 시간을 가졌다. 여기서 반드시 염두에 두어야 할 부분은 전문 기술 인력이다. 주택을 지을 때 가장 큰 비용을 차지하는 부분 중 하나가 인건비인데, 재료가 특수하거나 공정이 복잡하면 인건비가 수직 상승할 수 있기 때문이다.

철근콘크리트주택은 공간 디자인이 자유롭다는 장점이 있다. 한번 건축되면 경량목조주택과 달리 개조 등 구조 변경을 하기 힘들지만, 비교가 되고 있는 어떠한 재료보다 내구성이 좋으며 튼튼하다. 그러나 목조나 황토블럭보다는 고가이니 비용이 가장 큰 문제이다. 목조주택은 크게 경량목조주택과 중량목조주택으로 나뉘는데, 우리가 흔히 볼 수 있는 나무 집은 경량목조주택이다. 중량목조주택은 한옥처럼 굵직한 나무로 기둥과 보를 만들어 짓는 것인데 비용이 너무 비싸서 빼기로 했다. 경량목조주택은 친환경적이라고 알려져 있기는 하지만 대부분이 본드를 사용해 붙이는 합판과 썩지 않게 하려는 방부 처리된 목재를 사용한다. 목재와 합판으로만 외벽이 구성되므로, 점점 예측이 어려운 기후 변화와 태풍, 지진을 고려한다면 내구성이 상당히 불리하다. 목재가 방수에 뛰어난 성능을 발휘하기는 어려워 박공 형태의 지붕을 많이 사용하게 되는데, 박공 지붕[*]은 디자인에 많은 제약을 가져오는 부분이다. 비용만을 생각한다면 목조주택으로 결정해야 하지만 온돌과 결합했을 때 아쉬운 점이 많다고 하니 집의 품질에 해당되는 단열 및 방수 내구성, 화재 등을 고려했

[*] **ALC주택** ALC블록, 슬라브 등 ALC 제품을 사용하여 지어지는 주택을 말한다.

ALC 블록구조 경량기포 콘크리트 블록. 시멘트, 규사, 생석회를 원료로 만든 블록을 말한다. 신소재 건축재로 내화성, 단열성, 친환경성이 뛰어나다.

[*] **박공 지붕** 2개 장방형 사면을 붙인 것과 같은 모양의 지붕으로 책을 펼쳐서 엎어 놓은 모양이다.

철근 콘크리트 주택	목조 주택
공간디자인이 자유롭다	공간디자인이 자유롭다
설계 변경, 개조 불가능	보수 교체 용이
단열 중간	내화성능이 약하다
비용이 비싸다	비용이 싸다
유지비 저렴	층간 소음이 크다
내화성, 내구성, 내수성, 내진성이 좋다	지속적인 유지 관리 필요

을 때는 힘든 점이 있다.

단열도 당연히 검토할 대상이다. 집을 따뜻하게 하는 것은 단열과 기밀성이라고 한다. 단열은 당연한 것인데 기밀성은 의외였다. 기밀성은 단열제가 벽에 단단히 붙어 있는지, 단열제와 단열제 사이에 틈은 없는지를 말한다. 따뜻한 공기가 밖으로 나가지 않으며 찬 공기가 틈을 통해 들어오지 않아야 한다. 단열재와 벽체가 일체로 붙는 것은 열교 현상을 차단하며 결로 방지를 위해 필수라고 한다. 건축비를 1억 원으로 예상할 때 패시브 인증 주택은 힘들 것이라는 게 전문가들의 공통된 의견이었다. 패시브 인증이란 국가에서 패시브 주택이라고 인증해 주는 것인데, 그렇게 집을 짓자면 3.3㎡(평)당 800만 원 정도가 든다고 한다. 99㎡(30평) 규모에 2억 5천인 것이다. 하지만 인증

을 받지 않더라도 최대한 근접하게 지을 수는 있는 모양이다. 그러기 위해서
는 좀 더 혁신적인 단열재를 찾아야 하는 숙제가 생겼다.

월별에 따른 중부지방의 난방 비율 – 난방을 하는 계절이 월등이 많다.

1월	2월	3월	4월	5월	6월	7월	8월	9월	10월	11월	12월
100%	100%	100%	50%	20%	0%	0%	0%	50%	90%	100%	100%

효율적인 난방도 중요한 부분이었다. 도시에서는 도시가스로 난방을
해결하고 보조 수단으로 전기 난방기 등 다른 수단을 선택한다. 하지만 시골
에서는 도시가스를 사용할 수 없는 곳이 많으므로 다른 방법을 찾아야 했다.
지열 보일러, 태양열 온수, 태양광 발전, 점점 비싸지고 허가도 잘 나오지 않
지만 심야 전기 보일러 등도 고려 대상에 올랐다. 해외의 우수 사례도 검토하
기로 했다.

여기서 새롭게 알게 된 사실이 있다. 난방비를 줄이기 위해서는 온수에 대
한 대책이 있어야 한다는 것이다. 겨울 난방비의 상당 부분이 난방보다 온수
사용 때문이라는데 그 이유는 이러하다. 온수를 쓰기 위해 수도꼭지를 틀면
보일러는 온수를 만들기 위해 돌아가기 시작한다. 그런데 잠깐 손을 씻기 위
해 틀었다가 잠그는 경우에는 온수가 도달하기도 전에 수도꼭지를 잠그게 되

므로 보일러가 온수를 만들기 위해 돌아간 에너지는 소용이 없게 된다. 게다가 보일러는 또 온수를 부를까 봐 몇 초 정도 더 돌다가 중단된다. 결국 온수는 사용도 못하고 보일러만 열심히 돌린 셈이다. 이런 일이 하루에 수십 번, 한 달이면 수백 번 반복된다고 하니 이렇게 버려지는 연료를 한 달로 계산하면 오히려 난방을 한 비용보다 더 높게 나온다는 것이다. 태양열 온수를 사용하는 것은 이에 대한 좋은 대안이 될 수 있다. 가족이 많을 경우 충분한 용량이 안 될 수는 있지만, 그래도 난방비를 줄이는 데에는 큰 도움이 된다고 한다. 이외에 잠깐 사용하는 물은 가급적 온수가 아닌 찬물 쪽에서 쓰는 습관을 들이면 겨울 난방비의 많은 부분을 절약할 수 있다.

창은 시스템 창으로 하자는 의견이 대세였다. 비싸긴 하지만 난방을 고려하여 시공해야 하기 때문이다. 그래서 건축비 중 가장 비싼 것이 골조공사이고, 그 다음이 창호라고 하나 보다.

지붕은 어떻게 해야 할까? 집의 단열에서 가장 취약한 부분이 지붕이라고 한다. 집을 아무리 잘 지어도 지붕의 단열을 소홀히 하면 덥거나 춥다는데, 우리는 이상하게도 벽의 단열은 신경을 쓰면서 지붕은 소홀히 하는 경향이 있다. 지붕의 문제는 비용적인 면에서도 검토가 이루어져야 했다. 골조 공사에서 가장 큰 비용을 차지하는 것이 지붕 공사이기 때문이다. 특히 경사가 있는 박공 지붕은 모던한 맛은 없지만 디자인적인 면에서는 선택의 여지가 많다. 우리가 흔히 그리는 삼각형 모양의 지붕이 박공 지붕의 대표적인 형태이며, 이를 응용하여 뾰족뾰족 올라온 박공 지붕들로 장식된 집을 지을 수도 있다. 하지만 잘하면 멋있지만 잘못하면 이상한 집이 되는 것도 박공이다. 박공이 아닌 대안은 없을까? 그냥 평면으로 지을 수도 있을 텐데……. 그럴 경우 집의 디자인은 멋이 없으려나? 이런저런 생각이 떠올랐다. 디자인에 관한 영역에 들어오면 결론을 내리기 힘들어진다.

▼ 지붕의 여러 가지 형태

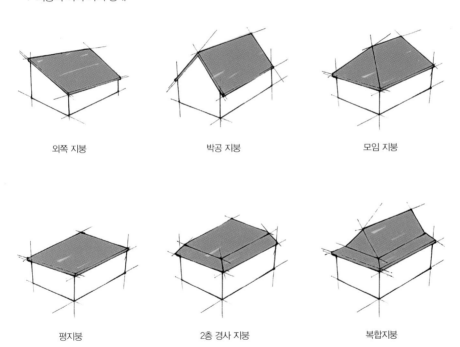

외쪽 지붕   박공 지붕   모임 지붕

평지붕   2층 경사 지붕   복합지붕

1층이냐, 2층이냐? 단독주택을 꿈꾸는 대부분의 소비자는 이층집을 선호한다고 한다. 어른들은 공용 공간과 개인 공간이 분리되기 좋은 이층집에 대한 동경을, 아이들은 다양한 공간과 선이 존재하는 이층집을 좋아한다. 이층집이 단순한 평면의 단층집보다 우세하다. 하지만 이층집은 계단으로 빠지는 공간이 만만치 않아 같은 면적이라면 좀 더 좁을 수밖에 없다. 물론 공간이 조금 줄어드는 것만 포기하면 개방감이나 디자인 면에서 훨씬 유리한 점이 많다. 게다가 단층집은 이층집에 비해 저가형이라는 인식도 일부 있다고 한다. 이에 대한 반대 의견은 단층 구조가 사는 데 편리하고, 비용 면에서도 단층집이 유리하다는 것이다. 그러나 이층집에 대한 선호도와 장점으로 우세하게 이층집으로 의견이 기울어졌다.

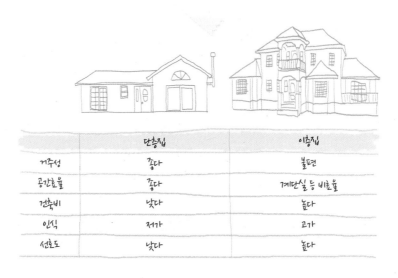

	단층집	이층집
거주성	좋다	불편
공간효율	좋다	계단실 등 비효율
건축비	낮다	높다
인식	저가	고가
선호도	낮다	높다

공간의 구성도 중요한 문제이다. 비용을 생각하자면 거실, 방, 욕실 등의 공간이 단순한 게 좋지만 건축주의 요구를 무시할 수만은 없다. 건축주의 요구가 반영되지 않는다면 아파트와 다를 것이 없기 때문이다. 건축주의 요구를 빠르게 반영하기 위해서는 공간 자체가 가변적이어야 한다. 또한 단독주택을 만들 때의 장점인 큰 부엌, 큰 욕조, 노천탕, 다락방, 온실, 테라스 등도 어떻게 반영할 것인지 논의해야 한다. 큰 흐름을 놓고 보자면 아파트와 경쟁해서 손색이 없는 구조여야 하며, 그리고 아파트에서 느낄 수 없는 재미도 필요하다. 건축주 상당수가 아파트에 익숙한 사람들이라는 전제 하에서 아파트가 갖는 편이성을 유지하면서 아파트에서는 느낄 수 없는 색다름이 있는 특화된 공간이 필요하다.

건축에 대해 좀 더 공부를 했더라면 전문 용어들과 건축 관련 의견들을 더 빨리 알아들을 수 있었을 텐데 바쁘다는 핑계로 그렇지 못한 것이 조금 아쉬웠다. 가끔씩 이해되지 않는 이야기들은 물어보았는데, 그때마다 그에 관련한 상세한 이야기가 가지를 치고 나와 집을 지을 때 고려해야 할 많은 것들을 한 번에 훑을 수 있었다.

지금까지 논의한 모든 내용을 수용하면서도 3.3㎡(평)당 350만 원 정도에 지어야 '1억 주택'이 된다는 계산이 나왔을 때는 다들 한숨 모드였다. 전문가들도 쉽지 않은 모양이다. 새로 나오는 건축 자재들은 계속 값이 오르고 있고 건축주들의 눈높이 역시 점점 올라가고 있으니 현실적으로 보자면 결코 만만치 않은 일일 터였다. 과연 '1억 주택'은 어떻게 지어질 것인가? 나 또한 궁금해진다.

과연
1억 주택은
어떻게
지어질 것인가?

four

모듈을
얹어 만든 집

　전문가들과 모여 함께 했던 지난번 이야기들을 모아 건축사사무소에서 첫 설계 시안을 준비했다고 한다. 오늘은 그 설계 시안을 바탕으로 다시 한 번 논의를 하는 날이다.

　생각보다 빠른 속도로 착착 진행되는 모습에 '역시 전문가는 다르구나.' 하는 생각이 들었다. 어쩌면 이들이야말로 건축의 '달인'들이다. 지난 모임에서 워낙 다양한 사항들이 논의되었기 때문에 그것들이 어떤 모습으로 설계안에 담겼을지도 자못 궁금해졌다. 건축사사무소로 향하는 길이 살짝 설레기까지 했다.

　사무실에 들어서니 오늘은 지난번과 달리 건축사사무소 사람들만 있었다. 지금까지의 이야기들을 정리하고 표준화하는 것은 건축사사무소가 풀어야 할 몫인 모양이다.

'1억 주택' 프로젝트의 목표에 맞게 설계 방향이 제시되었다.

'1억 주택' 프로젝트의 **목표**

꿈꾸는 사람들을 위한,
국민주택이 될 수 있는 진짜 제대로 잘 지어진 **'표준주택'**

짓고 싶은 사람을 위한,
품질과 비용이 모두 착해서 누구나 지을 수 있는 **'싸고 좋은 집'**

살고 싶은 사람을 위한,
친환경적이며 관리비도 적게 드는 **'고단열 1억 주택'**

'1억 주택'의 설계 방향은 매우 간단하고 흔한 이야기처럼 보였지만 가장 기본이 되는 것이었다.

첫째, 이 프로젝트에서 지을 주택은 아파트가 아닌 '정원이 있는 맞춤형 단독주택'이다. 마음에 드는 표현이다. 맞춤형이라는 의미가 마음에 와 닿았다. 집이란 구입하는 것이 아니라 짓는 것이다. 짓는 것이라면 당연히 맞춤 주택이어야 옳지 않겠는가.

둘째, 1억 원에 지을 수 있어야 한다. 이번 프로젝트의 핵심이다. 돈을 많이 들여 좋은 집을 짓는 것은 누구나 할 수 있는 일이다. 하지만 현실적으로 빚을 내지 않고 지을 수 있는 집의 조건을 1억 원으로 생각했다. 도심에서는 아파트 전세 비용도 안 되는 돈이다. 아버지와 집을 짓고 난 후 빚에 쪼들려 다시 집을 내놔야 했던 경험이 있는 나로서는 이런 원칙이 고마웠고 도전하여 이루고 싶은 부분이었다. 내 머리로는 해결이 안 되는데 전문가들이 머리를 맞대니 정말로 이루어질 수 있을 것만 같았다.

셋째, 4인 가족이 살기에 충분한 2층 주택이어야 한다. 1층이냐, 2층이냐의 갑론을박에서 결국 2층 주택으로 결정된 것인데, 사실 나도 집을 짓는다면 이층집으로 짓고 싶었다. 동선이나 거주의 편의성이 단층집이 더 좋다고는 하지만 이층집이 더 끌리는 것을 어쩌겠는가. 더욱이 나 같은 경우는 후배부터 동료들까지 집에 손님이 많이 올 테고, 그러자면 1층은 손님과 함께 할 수 있는 거실과 부엌으로, 2층은 가족이 쉴 수 있는 프라이버시 공간으로 분리할 필요가 있었다. 하지만 2층이면 건축비가 올라간다는 생각에 옆에서 듣고 있던 박정진 대표의 미간이 조금 좁혀졌다. '1억 주택' 프로젝트에 참여하는 입장이지만 나도 결국은 건축주인가 보다.

넷째, 도시민들이 희망하는 특화 공간이 있어야 한다. 층간 소음을 걱정할 필요 없는 단독주택이니 기왕이면 아이들이 숨바꼭질이라도 할 수 있는 재미있는 공간이 있으면 좋을 것이다. 이 부분은 최근에 지어진 단독주택들이 다락방과 같은 특화 공간을 제공한다는 점이 반영된 것이다. 아이들을 위한 공간이지만, 공간이 다양하면 요모조모 이용할 일이 많을 것이다.

자, 이제 이것을 토대로 세부적인 사항들을 하나하나 풀어내야 한다.

가장 중요한 공법과 재료 부분은 콘크리트집으로.

요즘 새로 지어져 인기를 끌었던 집 중에서 나무집인 경량목구조 집과 콘크리트 집의 특성을 함께 살펴보았고, ALC 블록구조와 중량목구조가 다시 언급되었다. ALC 블록구조는 건축주가 직접 시공에 참여하는 셀프하우징을 염두에 두었던 것 같다. 하지만 여름철 습기가 많은 우리나라 기후에는 맞지 않는다는 반대 의견도 있었다. 철골구조를 이야기하다 보니 중량목구조 집이 언급되었던 것인데, 철골구조라는 것이 철제를 용접해 집의 뼈대를 만드는 방식이지만 비용이 만만치 않게 들어 선택되기 힘들었다. 결국 남은 것은 경량목구조 집과 콘크리트 집.

오랜 논의 끝에 콘크리트 집으로 결정이 되었는데, 시공과 인력 수급이 용이하고 공간 구성이 손쉽다는 점에서 합격점을 받았다. 다만 콘크리트라는 재료에 대한 거부감이 문제였다. 건축사사무소에서도 일반 시멘트가 아닌 황토시멘트를 하는 것이 어떠냐고 제안을 했다. 일단 황토라는 말이 들어가니 좋기는 한데 아직 그 시공 기술이 부족하고 시제품화되어 있지도 않다. 레미콘 회사에 별도의 배합을 의뢰해야 하고 그 결과도 아직 확인이 안 되는 상태이다. 하지만 콘크리트가 몸에 좋지 않다는 연구 결과는 없다고 한다. 콘크리트 또한 자연 재료인 석회석이나 모래 등을 갈아서 만들기 때문이다. 새집 증후군이니 하는 것은 콘크리트 보다는 인테리어 내장재를 시공하면서 쓰는 본드의 영향이 크다고 한다.

난방은 지열 난방 시스템으로.

지난번에 가장 길게 논의한 부분이다. 오늘은 결론을 지었는데 지역적 특성과 비용을 고려하여 지열 난방 시스템이 결국 낙점되었다.

이외에 기밀성이나 구조에 대한 이야기, 시스템 창에 대한 이야기, 단열재에 대한 이야기 등을 나누었는데, 사실 나는 재료에 대해 신경을 쓰다 보니 집중력이 떨어져 잘 알아듣지 못했다. 좀 어렵기도 했다. 두 시간 동안 릴레이 회의를 하고 잠시 휴식시간을 가졌다. 밖으로 나와 숨 돌리는데 박정진 대표가 다가왔다.

"어떠세요?"

"어려운데요. 저도 무언가 결정해 주어야 하는데 아는 게 많지 않으니까 힘드네요. 오늘도 많이 배웠어요. 여기 앉아 있으면 진짜 강의 듣는 기분이거든요."

"이게 강의라면 진짜 비싼 강의일 거예요."

"그렇겠죠. 이렇게 해 줄 수 있는 곳이 어디 있겠어요."

"이제부터는 설계에 대해 이야기할 거예요. 병만 씨 집을 짓는 것이니 건축주 입장에서 원하는 것을 다 말씀하셔야 해요."

"그런 거예요? 왠지 정신이 바짝 드는데요."

내가 주도적으로 설계 방향에 참여해야 한다고 하니, 왠지 모를 긴장감이 들었다. 내가 원하는 대로 직접 설계한다는 생각에 점점 더 흥미로워졌다.

잠시 휴식시간이 끝나고 집의 설계안에 대한 이야기가 시작되었다.

한옥의 공간 구성에 모듈주택을 적용한 '박스 하우스Box House' 설계안이 제시됐다. '결합(結合)'하여 '원(願)'하는 '모태(母胎)' 공간을 구현하는 것이라는데, 멋있게 들리기는 하지만 개념이 잘 잡히지는 않았다. 쉽게 말해서 모듈주택을 적용했지만 형식이 다른 한옥 스타일의 박스 집이라고 한다.

기본적인 도면도 함께 제시되었는데, 설계 전에 생각을 정리하기 위해 제시된 것이다. 이해하기 조금 어려운 내용들은 옆에서 조도연 대표가 쉽게 정리해 주어 마지막까지 집중할 수 있었다. 이제 내가 원하는 집에 대해 말할 차례이다. 며칠 전부터 고민한 집의 구상들을 하나씩 풀어내기 시작했다.

"제가 살고 싶은 집은 2층이고요. 집 가운데 중정이 있었으면 좋겠어요. 중정으로 나서면 낮은 데크와 잔디가 펼쳐져 있고, 1층은 공용 공간으로, 2층은 가족들의 공간으로……
2층에 방은 두 개면 충분해요. 딸 방과 부부 침실이죠. 1층 공간은 거실을 넓게 만들고 필요하면 공간을 분할하여 손님방처럼 쓸 수 있었으면 좋겠어요.
사생활이 침해되지 않게 외부로 노출되는 창은 적었으면 좋겠고 설계는 내가 쉽게 이해할 수 있는 형태라면 좋겠어요."

굳이 정리하자면 이 정도였다. 설계 시에 요구 사항을 얼마나 어떻게 말해야 좋을지 잠깐 생각해 보았는데, 치수와 가구 위치까지 디테일하게 말하는 것은 내 스타일은 아닌 것 같다. 그냥 내가 살고 싶은 집에 대해 굵직한 요구

사항만을 말했다. 나머지는 전문가들의 창조적 감성에 맡길 생각이다. 아마도 내가 생각하지 못한 의외의 결과물이 나올 것 같다.

☐ ☐ ☐

며칠이 지났다. 기본 설계를 결정하기 위한 회의가 다시 열렸다. 박정진 대표가 결과물이 좋다며 기대해도 괜찮을 거라고 했다.

"형, 설계가 벌써 나왔어요?"
"그러게. 생각보다 빠른데. 전문가들이라 다른가?"

기대치가 올라가고 있었다. 그런데 사무실에 도착하여 제일 먼저 본 것은 완성된 도면이 아니었다. 내가 원한 중정에 어울리는 ㄷ자 집의 완성된 설계안을 볼 것이라 예상했는데 조금 실망이다. 그때 주사위처럼 생긴 다양한 색상의 스티로폼 조각들이 들어왔다.

"이건 뭐예요?"
"깜짝 놀랄 아이디어 상품이지요."

염은영 부장이 살짝 웃으며 답했다. '모듈러'라 부르는 것이었는데, 지난번 회의 설계안이었던 한옥 구조 스타일 평면 설계안이 변경되어 공간 모듈화 작업을 거쳐 건축주가 직접 설계에 참여할 수 있도록 제작된 것이라고 한다. 모듈러의 제작으로 다양성, 가변성, 셀프하우징의 보급형 목업 시공이 가능해질 것이라며 밝은 얼굴을 했다. 다시 말해 설계도를 보는 것이 익숙지 않은 일반 건축주들에게 어떻게 하면 설계를 손쉽게 이해시킬 수 있을지 고민하여 만든 것인 셈이다. 모듈러는 각각에 공간명이 쓰여 있고 블록에는 실측 사이즈의 가구가 블록 크기에 맞게 축소되어 그려져 있었다. 건축주는 그것을 원하는 자리에 놓기만 하면 된다.

대부분의 건축은 정육면체로 설계된다. 그중 일부를 빼거나 넣지만 이것마저도 정육면체가 대부분이다. 건축비가 많이 올라가는 비정형이나 원형 등은 '1억 주택' 같은 표준적인 주택에는 채택하기가 어려워 제외했다. 설계를 공간 모듈화 작업으로 규격화하면 쉽게 알아볼 수 있을 뿐 아니라 건축주가 직접 기본 설계를 할 수 있는 시스템이 된다. 각각의 모듈러는 1/80로 축소한 13.2㎡(4평)짜리 표준화된 정육면체이다. 또한 육면체인 모듈러를 놓는 것만으로도 대략적인 건축비까지 바로 계산되니 일거양득인 셈이다.

설명은 좀 어렵게 들리지만, 일단 모듈러를 가지고 정해진 바닥에 하나씩 올리다 보면 그 말뜻을 쉽게 이해할 수 있을 것이다. 나 또한 그랬으니까.

모듈러에는 각 공간에 들어가는 기본적인 가구의 배치가 그려져 있어서 건축에 문외한인 사람도 쉽게 짓고자 하는 집의 기초 설계가 가능했다. 가구 그림이 집의 형태를 이해하는 데 도움이 되리라고는 생각지 않았는데, 정말 직관적이어서 모듈러를 놓는 것만으로도 집이 어떻게 구성될지 쉽게 알 수 있었

실시 도면 시공사가 시공
을 하기 위해 받는 도면

다. 이렇게 기초 설계가 완성되면 건축사사무소에서 시공에 필요한 세밀한 실
시 도면*을 그려 최종 도면을 확정하게 된다고 한다. 모듈러로 설계를 하면
설계에 들어가는 시간이 대폭 줄어드는 것이다. 건축주는 모듈을 통해 직관적
으로 보여 줄 수 있어서 건축사에게 자신이 원하는 바를 일일이 설명하지 않
아도 된다. 건축주가 직접 선택하여 다양하게 설계를 할 수도 있다.

블록을 쌓듯이 모듈러를 움직여 바로바로 확인되어서 건축주와 건축사의
소통이 편하다. 모든 의사결정이 바로바로 협의되는 구조였다. 다만 아쉬운
점이 있다면 모듈러가 규격화되어 있어서 방 크기를 조절하는 등의 변화가 쉽
지 않다는 것이었는데, 이 정도야 '1억 주택'이 되기 위한 표준이라고 생각하면
불만 사항이라 할 수도 없다. 흔히 방 크기는 현장의 상황과 건축사의 감에 따
라 결정되는 경우가 많다는데 그렇게 생각하면 단점도 아니라는 생각이 든다.

모듈러 하나는 13.2㎡(4평)이다. 처음에 나에게 주어진 모듈러는 7개였다.
국민주택 규모는 85㎡(25.7평)이지만, 모듈러 하나가 13.2㎡(4평)이니 모듈러
기준 7개로 92.5㎡(28평)를 '1억 주택' 프로젝트의 표준 주택으로 정했기 때문
이다. 하지만 난 9개를 썼다. 나의 〈정글의 법칙〉 촬영으로 떨어져 있는 시간
이 많은 아내를 위한 공간(13.2㎡, 4평), 딸아이에겐 사춘기 소녀임을 감안해
혼자만의 독립된 공간(13.2㎡, 4평)과 테라스를 선물하고 싶어서이다. 나는 9
개의 모듈러를 사용하여 1층은 5개로 66㎡(20평), 2층은 4개로 52.8㎡(16평),
총 119㎡(36평)형 이층집으로 설계했다. 이 집에 살게 될 아내와 딸을 생각하
니 모듈러 2개(26.4㎡, 8평)가 더 늘어난 것이다. 잠깐의 어수선한 상황이 목
업 주택의 주인인 나의 결정으로 정리됐다. 3.3㎡(평)당 계산으로 가자고 설득

했다. 목표는 1억 원에 92.5㎡(28평) 그대로 가고, 내가 살고 싶은 내 집은(추가 비용을 별도로 해서) 원하는 119㎡(36평)로 가기로 했다. 정말 건축주가 되어 보니 욕심이 생기나 보다. 모듈러 설계를 옆에서 도와주던 문형덕 이사에게 물었다.

"모듈러 하나 더 추가하면 어떻게 돼요?"
"예산에 1,400만원 추가하시면 돼요."

장난스럽게 내뱉은 내 말에 박정진 대표와 조도연 대표가 슬며시 미소를 짓는다. 현재 계산으로는 하나의 모듈당 대략 1천 4백만 원 정도의 비용이 소요될 것 같다고 한다. 시공 단가가 1억에 가능하도록 계획을 잘 세워서 좀 더 비용을 낮추자는 목표가 새로이 생겼다. 지금은 시제품 테스트이기 때문에 스티로폼으로 만들었지만 조만간 더 멋진 형태의 모듈러를 제작한다니 기대가 된다.

이제 집의 기초 설계는 끝났다. 누군가가 멋진 설계도를 여러 장 들고 와 "어떤 것으로 고를래요?" 하고 말할 줄 알았는데, 내가 직접 기초 설계를 스

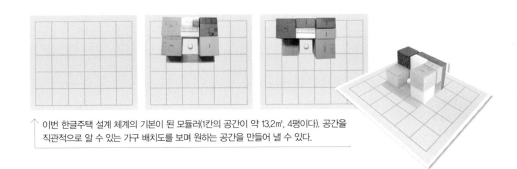

↑ 이번 한글주택 설계 체계의 기본이 된 모듈러(1칸의 공간이 약 13.2㎡, 4평이다). 공간을 직관적으로 알 수 있는 가구 배치도를 보며 원하는 공간을 만들어 낼 수 있다.

스로 진행하고 확정하다니……. 예상치 못한 즐거움이다. 그런데 가만히 보니
그 모습이 한글의 자모와 닮아 있었다. 이런 모양으로 설계된 집을 ㅁ자 집이
나 ㄷ자 집으로 부른다는 것이다. 하긴 입방체로 만들어진 집을 짓다 보면 한
글 자모의 형태를 벗어나기도 힘들 것이다.

"음, 우리가 짓는 집을 '한글주택'이라고 하면 어떨까요?"
"아, 괜찮은데요. 취지에도 맞고 기억하기도 쉽고요."
"어차피 이름을 지어야 했는데 딱 맞춤한 것 같아요."
"음, '1억 주택' 프로젝트의 '한글주택 1호'를 김병만 씨가 직접 '한글주택 모
듈러'로 셀프 설계 하셨네요."
"하하하."

나의 제안에 다들 긍정적인 반응이었다. 이렇게 '1억 주택' 프로젝트에서 지
을 나의 집은 '한글주택'이라 부르게 되었다. 그리고 모듈러는 우리 프로젝트
의 셀프 설계 툴 tool로 '한글주택 모듈러'라고 정해졌다.

이 프로젝트에 참여하면서 나름대로 집짓기에 관련된 서적을 구해 좀 읽어 봤다. 나는 원래 정글을 갈 때도 미리 가야 할 지역에 대한 정보를 꼼꼼히 챙기는 편이다. 알아야 생존할 수 있으니까.

대부분의 서적에서 강조했던 것이 "집을 제대로 지으려면 좋은 건축가를 찾아가라."였다. 건축가와 만나 설계 방향에 대해 이야기해 보니 정말 맞는 말인 것 같다. 문득 궁금함이 일었다.

"보통 단독주택의 경우 설계비로는 어느 정도 받으시나요? 제 집은 설계비로 어느 정도 들까요?"

"아직 설계비로 얼마나 받아야 할지 결정을 못했어요."

"그럼 이야기가 나온 김에 회의하시죠."

"일반 건축주들과 공유하기 위해 목표로 설정한 건축 비용의 예산이 1억 원입니다. 설계비로 어느 정도가 적절하다고 생각하시나요?"

박정진 대표의 제안에 설계비로 어느 정도가 좋을지 대한 회의가 이어졌다. 보통 설계비로는 최저가 5백만 원에서 8천만 원까지의 차이를 보인다고 한다. 지역의 인,허가 업체에서는 5백만 원 정도이고, 유명한 작가 또는 유명 건축가의 설계비로는 8천만 원까지도 한다. 박 대표도 발트하임 인테리어를 포함한 건축 설계비로 1억 원을 지출한 적도 있다고 한다. 그것도 겨우겨우 부탁해서 한 것이라고 하니 기가 막힐 노릇이다. 설계비의 책정은 설계 디자이너의 디자인 능력과 투입 인원에 따라 결정되는데, 보통의 건축사사무소에서는 최소한 2개월 정도 걸리는 작업에 디자이너 2~3명 정도가 투입되어 2~3천만 원을 받는다고 한다.

'한글주택'은 모듈러 설계를 통해 건축 설계에서 가장 오랜 시간이 걸리는 평면 결정과 건축주의 생각을 건축가들이 쉽게 받아들일 수 있다. 그러므로 투입 인원의 작업 시간을 줄일 수 있어, 좀 더 저렴하게 책정할 수 있다. 그래서 총 1억 원의 10% 규모인 1천만 원을 설계비로 임의 책정하기로 했다. 1억이라는 예산으로 집을 지으려는데 1천만 원의 설계비로 너무 부담스러워들 하시지 않을까 했지만 본인의 개성을 담고 나만의 공간을 디자인하고 내 생각을 집에 담는 일인데 안 할 수도 없는 노릇이다. 항상 목표한 1억 원을 맞추기 위해 치열하게 회의하는 것이 이 프로젝트의 특징같다.

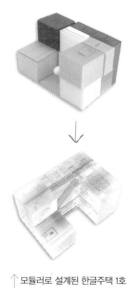

모듈러로 설계된 한글주택 1호

five

예산 문제,
정말 1억에 될까요?

주말을 지내고 완성된 설계 시안을 보러 다시 건축사사무소로 향했다. 지난 회의를 마치고 돌아가는 내내 좀처럼 흥분이 가라앉지 않았었다. 프로젝트에 참여한지 3개월 동안 눈에 보이지 않던 '1억 주택'이, 드디어 내 손에 의해 모듈러로 기초설계하며 형체를 드러냈고, '한글주택'이라 이름까지 생겼으니 말이다. 물론 내가 살 집을 내가 설계한 것이라 더 흡족하기도 했다. 그러나 아직도 앞으로 가야 할 길이 멀고, 내가 직접 지어야 하기에 약간의 긴장감도 생긴다.

오늘은 지난번 설계한 내부 공간을 바탕으로 외관과 전체적인 집의 형태를 결정할 차례다. 프레젠테이션 자료를 들고 와 화면으로 보여준다. 먼저 지난번에 결정한 기초 설계안을 검토했다.

최종 설계를 하기 위해 모듈러로 설계한 것을 도면에 앉혀 보니 2층으로 올라가는 계단이 문제가 되었다고 한다. 계단 앞에 있는 현관과 1층 화장실 부분의 동선이 겹쳐 계단을 창 쪽으로 옮겨야 하는 상태가 된 것이다. 미처 생각하지 못한 부분이었다. 그런데 이렇게 설계가 바뀌자 계단이 창을 가리는 형국이 되어 고심을 많이 한 모양이었다. 내게는 계단이 창 옆에 있든 없든 별 문제가 되지 않았지만, 가능하면 중정을 바라보는 창이 시야에 가리지 않게 하고 싶은 욕심에 염 부장이 너무 고민을 한 것이다. 마음은 고마우나 계단의 자리가 딱히 놓을 곳이 없는 관계로 길게 고민하지 않기로 했다.

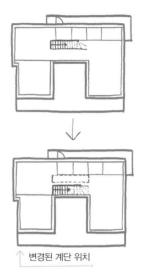

↑ 변경된 계단 위치

그 외에 2층 공간은 큰 변동이 없었고, 1층의 부엌과 보일러실과 식품 저장실(다용도실)은 현실적인 사이즈를 반영하여 조금씩 크기를 변화시켰다. 모듈러가 좋은 것인지 설계를 잘한 것인지 계단을 제외하면 내부 설계 계획이 거의 변동 없이 그대로 확정되었다.

공간의 쓰임이 결정되었으니, 이제는 각 공간을 어떻게 만들지를 결정해야 했다. 모듈러를 통해 이미 가구 배치까지 보았기 때문에 모든 결정이 다 된 것 같지만 세밀하게 가구 계획까지 세우고 최종적인 실시 도면을 완성해야 한다고 한다.

1층 창문부터 살펴보았다. 단열과 들어오는 빛, 바람의 순환, 조망을 살리되 프라이버시를 보호하려면 창의 크기를 얼마로 해야 할지 이야기를 나누었다.

그 결과 전면은 통유리 창에 가까운 큰 창을, 뒷면은 가능한 한 크기를 줄여서 채광창의 역할을 하기로 했다. 맞바람을 생각해 뒷면의 창도 작지만 열 수 있게 계획을 세웠다. 전면 창을 열면 출입도 가능하고 바람이 통과할 수 있도록 길을 열어 준 것이다.

그 다음은 거실. 거실은 손님이 자주 올 것이라 예상하여 가능한 한 넓게 하고 중간에 가변형 벽을 두어 필요할 때 게스트 룸의 역할도 할 수 있게 활용할 것이다. 그래서 중간 벽체를 만들 부분은 어디로 할지, 침대는 어떻게 숨겼다가 나타나게 할지 등 방법론에 대한 이야기를 나누었다. 그런데 이 부분은 나중에 생각하니 좀 후회가 되기도 한다. 가변형 벽을 두는 것은 건축과 관련된 부분이긴 하지만, 숨겨진 침대는 건축이라기보다는 인테리어에 가깝다. 나중에 인테리어 실시 계획을 세울 때 이야기하는 것이 맞는데 설계를 책임지고 있는 곳에 하소연을 한 셈이니 번지수가 틀렸던 셈이다. 하지만 건축주 입장에서야 이런 순간이 오면 이것이 건설업자가 맡아 하는 일인지 인테리어 업자가 맡아서 하는 일인지 헷갈리기 마련이다. 게다가 이번 작업은 모든 것이 한 번의 공정으로 진행되고 있어서 나도 모르게 요구 사항들이 불쑥 튀어나오곤 했다.

부엌은 냉장고의 위치 때문에 오랜 시간 이야기를 했다. 지금 설계대로라면 냉장고가 툭 튀어 나온 모양이라 공간의 동선을 떨어뜨린다는 것이다. 재미있는 것은 여자들보다 남자들이 더 나서서 공간의 배치에 대해 열을 올렸다는 점이다. 부엌 살림을 직접 할 얼굴들로 보이지는 않는데, 남자들끼리 냉장고의 위치를 가지고 이러쿵저러쿵 하는 모습이 조금 우스꽝스러웠다. 물론 나도

1층 도면

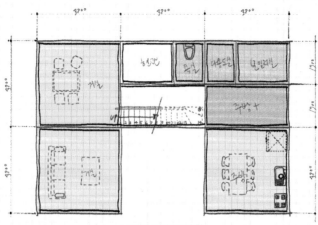

모듈러로 설계한 공간(1층)

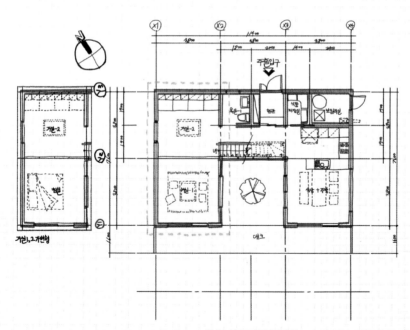

실제 도면으로 옮긴 공간(1층)

2층 도면

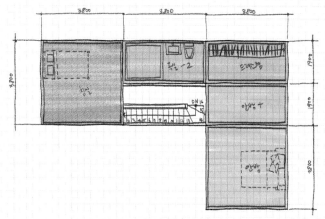

모듈러로 설계한 공간(2층)

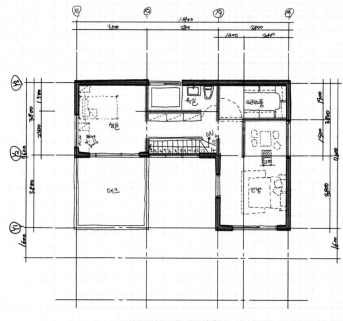

실제 도면으로 옮긴 공간(2층)

그 이야기에 한참 끼어 거들었지만 말이다.

생각해 보니 부엌 가구 중에 가장 큰 부피를 차지하고 변형이 불가능한 가구가 냉장고이다. 냉장고는 현대를 살아가는 우리에게 없어서는 안 되는 필수품이 되어 버린 물건이다. 그런데 그 물건이 떡 하니 자리를 차지하고 나니 다른 것들이 힘을 발휘하지 못하는 아이러니한 상황이 되어 버렸다. 예전에 냉장고가 없었을 때는 어찌 살았나 싶다. 어쨌든 냉장고 덕분에 부엌 공간을

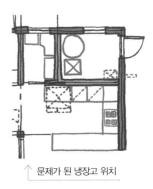

↑ 문제가 된 냉장고 위치

전체적으로 다시 한 번 점검하는 계기가 되었다. 가구 배치부터 동선까지 한 번 더 검토하고 자리 배치를 새로 하니, 냉장고의 파워를 실감했다. 이처럼 내부 공간을 설계할 때, TV나 냉장고, 소파, 책상과 책장, 침대 등 벽면을 차지하는 큰 가구들은 합리적인 동선을 고려해야 한다.

2층으로 올라갔다. 2층에는 아내가 원하는 공간을 만들었다. 이름하여 '방 속의 작은 방'. 이 집에 입주를 하면 아내가 가장 많은 시간을 보낼 것이다. 아내는 침실 말고도 자신만의 시간을 편안하게 보낼 수 있는 공간이 있었으면 좋겠다고 했다. 이런 종류의 방을 '알파룸'이라고 부른다.

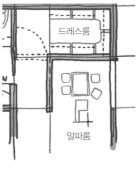

↑ 방 속의 작은 방 알파룸

'방 속의 작은 방'은 단을 올려 나무 바닥으로 정했는데, 이에 더해 그 아래 공간을 활용해 보자는 의견이 나왔다. 서랍으로 만들어 수납을 할 수 있게 하자는 이야

기도 나오고, 당기면 침대가 나오게 하자는 아이디어도 나왔다. 알파룸이나 그 아래 공간을 내가 직접 만들어 보면 어떻겠느냐는 의견도 나왔다. 침실로 들어와야 보이는 공간이라 나름 비밀스런 개인 공간 같아 흥미로웠다. 집 안 구석구석까지 내 손으로 만들면 셀프하우징이란 의미에 더 가까워질 수도 있겠다는 생각이 들었다. 내부 공간은 어느 정도 의견이 정리됐다.

이제 외부 시안을 검토할 차례였다. 내부 공간에 대해 결정한 것들을 하나하나 짚어 보느라 시간이 많이 지체되었지만, 그렇다고 집의 외관을 다음으로 미룰 수 있는 처지는 아니라서 시간이 걸리더라도 외관까지 합의를 보기로 하고 마라톤 회의를 이어 갔다.

외부 시안은 크게 세 가지 안이 나왔는데, 특징만 놓고 보면 박공이 있는 지붕 집과 사선 지붕의 모던한 집, 지붕이 특이한 집으로 나눌 수 있다. 염 부장이 외관 곳곳을 둘러볼 수 있도록 집을 3D 입체로 보여 주었는데, 일 주일이라는 짧은 시간 동안 내부 디자인을 검토하고, 외부 형태를 디자인했으며, 3D 제작까지 완료해 보여 주었으니 얼마나 애를 썼을지 짐작이 간다.

집의 외관 시안은 모인 사람들의 취향에 따라 호불호가 갈렸다. 나는 세 개 시안 모두가 마음에 들었다. 도무지 버릴 것이 없었다. 내 집이라고 생각하니 세 개의 시안 모두 욕심이 났다. 하지만 모두를 선택할 수는 없는 일. 시안을 최종적으로 결정할 수 있도록 정리한 사람은 조도연 대표였다. 세 개의 시안 중 가장 선호도가 떨어지던 것이 박공 지붕 형태였는데 조도연 대표가 이전부터 지어 보고 싶었던 스타일의 주택을 박공 지붕 형태와 결합하자 갑자기 모든 사람의 눈이 반짝반짝 빛나기 시작한 것이다. 빛과 그림자의 형태마저 스

초기 시안

시안 1. 박공이 있는 지붕 집

시안 2. 사선 지붕의 모던한 집

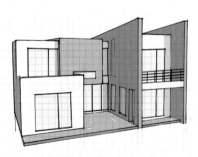

시안 3. 지붕이 특이한 모던한 집

배면도

좌측면도

우측면도

정면도

시안 1. 박공이 있는 지붕 집

배면도

좌측면도

우측면도

정면도

시안 2. 사선지붕의 모던한 집

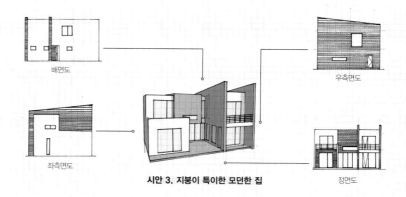

배면도

좌측면도

우측면도

정면도

시안 3. 지붕이 특이한 모던한 집

타일로 만들어 주는 타입이라고 할까. 해외 가구제작 회사의 본사 건물에서 영감을 받았다는데 대표들이 가지고 있는 야수 같은 본능은 이런 순간에 나타나는가 보다. 덕분에 박공 지붕 집을 조 대표가 제안한 스타일로 다시 작업해 보기로 하고 회의를 마쳤다.

마라톤 회의가 끝났고, 설계상으로는 집의 형태가 대부분 완성되었다. 나 자신에게는 매우 만족스러운 시간이었다. 내가 살 집의 설계가 거의 끝난 셈이니 말이다. 하지만 이 집이 완성된다면 자기 것이라 주장할 사람들이 많을 것 같다. 계단 위치, 냉장고 위치, 조그만 자투리 공간까지 놓치지 않고 고민해온 사람들이 군대로 치면 한 부대원 정도는 되니 말이다. 이 집은 정말 못 지으려야 못 지을 수 없겠다는 생각이 들었다.

다음 주가 되면 외관까지 포함한 마지막 최종 설계가 끝난다. 마지막 설계 회의는 현장 근처인 가평에서 하기로 했다. 그동안 고생한 모든 분들을 위해 회의가 끝나면 맛있는 삼겹살로 마무리할 예정이다.

"오늘 재미있으셨어요?"

"네, 벌써 집을 다 지은 느낌이에요. 집이 어떻게 들어설지 머릿속에서 막 상상이 되요. 건축사사무소 분들이 정말 많이 애쓰신 것 같아요."

"달리 전문가겠어요. 그만한 능력이 있는 사람들이에요. 근데 다 끝난 것 같지만 이제부터 시작이에요. 이 프로젝트가 제대로 되려면 건축비를 많이 낮춰야 하는 것 아시죠? 그 큰 고민을 다음 주까지 해결해야 해요."

"산 너머 산이네요."

"현재 '1억 주택'을 만들기 위한 대부분의 방법은 이미 결정이 됐어요. 또한 주택 건축이 계획된 진행으로 어려울 때를 고려해 저희가 꼼꼼하게 계산하고 있으니 가능할 거예요. 3.3㎡(평)당 350만 원으로 92.5㎡(28평)를 1억 원에 지을 수 있도록 매 순간 꼼꼼히 따지며 해 봐야죠."

"350만 원이요?"

"현실적으로 350만 원은 굉장히 어렵습니다. 게다가 에너지절감 형 고단열 주택을 지향하는 우리로써는 더 힘든 일이죠."

설계에 관한 부분은 여러 사람이 아이디어를 모으고 고민하면 좋은 디자인이 나올 수 있다지만 공정 부분에 있어 비용을 줄이는 것은 더 어려운 부분이란 생각이 들었다.

"아참, 근데 제 집은 119㎡(36평)인데 그럼 1억 원이 넘잖아요."

"그래서 저도 고민입니다. 1억 원에 집을 지어야 하는데 26.4㎡(8평)가 늘었네요, 1억 원이 조금 넘겠죠. 하지만 사람들도 이해하지 않을까요? 119㎡(36평)를 1억 원에 건축하려면 거의 270만 원에 지어야 하는데 그건 불가능입니다. 3.3㎡(평)당 350만 원도 지금의 물가에서는 국내 최저 비용이 될 겁니다."

"그렇겠죠. 하긴 제가 1993년에 일용직 근로자로 인력 시장에 나갔을 때 일당이 2만원 이었습니다. 20년이 지난 지금은 얼마인가요?"

"10만 원입니다. 5배가 올랐죠. 일용직 근로자가 10만 원이고 웬만한 기공들은 전부 20만 원입니다. 타일공은 일당이 30만 원입니다. 사실 이런 인건비 상승과 자재비 상승이 공사비 증가의 최대 원인입니다. 몇 해 전만 해도 3.3㎡

(평)당 400만 원에 집을 지어 주는 곳도 있었지만 지금은 아무리 찾아봐도 3.3㎡(평)당 450만 원 정도는 되어야 합니다. 그러니 저희가 350만 원에 건축할 수 있다면 혁신적인 비용이 될 겁니다."

기분 좋게 일을 마치고 박정진 대표와 헤어지며 잠시 이야기를 나누었는데, 들뜬 마음이 갑자기 가라앉아 버렸다. 집의 설계를 마무리짓는다는 생각에 잊고 있던 과제가 다시 상기된 것이다. 그래서 건축주가 되면 '지금 해야지 다음에 어떻게 바꾸겠어.'라는 생각에 조금만 더 조금만 더 하다가 건축비가 올라가는 결정들을 계속 하는가 보다. 짓고 나면 바꿀 수 없는 것들이 계속 보이다 보니, 결국 무리해서라도 돈을 쓰게 되는 것이다.

차로 돌아오는 길에 생각이 많아졌다. 나는 어떻게 할 것인가? 이 집은 나와 내 아내와 딸이 들어가 살 집이다. 나는 지금 아파트에 살고 있다. 아이 교육 때문에 학교 근처에 살고 있지만 사실 나는 아파트가 불편하다. 나는 정글에서처럼 뛰어다니며 무언가를 계속 해야 하는 에너지가 넘치는 사람이다. 그런 내가 아파트에 들어가면 할 일이 없어진다.

이 집은 그런 나에게 '자유'를 선물로 줄지도 모른다. 1억 원에 품질 좋은 이층집을 짓는다는 것이 불가능하게 보일 수도 있다. 그래서 박정진 대표가 말한 '산 너머 산'이란 말이 실감이 난다. 대한민국 사람이라면 누구나 알 것이다. 1억 원이 적지 않은 돈임에는 틀림없지만, 집을 짓는 예산치고는 그리 큰 돈이 아니라는 사실을. 그래서 1억 원에 살기 좋은 집을 짓는다는 도전은 어쩌

면 더욱 의미가 있는지도 모른다. 나는 그 도전에 함께 참여했고 최선을 다할
생각이다. 이 집은 내가 살 집이기도 하니까.

🎁 🎁 🎁

　어제까지는 봄날 치고 제법 더웠는데 회의를 하기로 한 오늘은 갑자기 날
씨가 추워졌다. 회의 장소에 오니 벌써 많은 사람들이 도착해 있었다. 야외에
서 숯불고기 파티를 하기로 해서 기대를 했는데 날이 추워 할 수 있을지 모르

1층 평면도

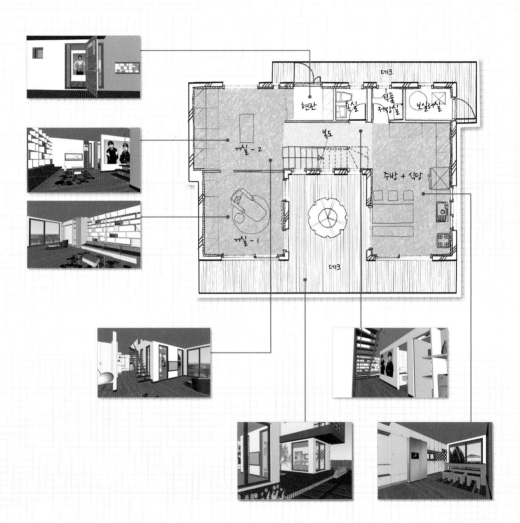

현관
욕실
식품저장실
보일러실
데크
복도
거실 - 2
거실 - 1
주방 + 식당
데크

2층 평면도

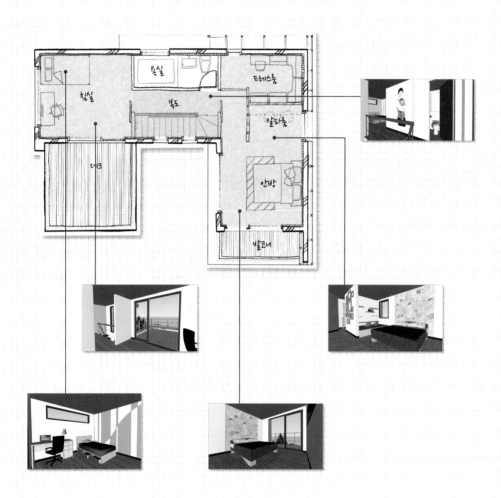

욕실

침실

드레스룸

복도

알파룸

데크

안방

발코니

겠다. 실내에서는 건축사사무소 팀이 프레젠테이션을 하기 위한 장치를 설치하느라 분주하다. 정성스럽게 포장된 것이 보이는데 설계 모형까지 만들어 온 모양이다. 추위에 떨던 사람들이 하나 둘씩 실내로 들어선다.

드디어 회의. 지난번에 확정한 내용들이 어떻게 반영되었는지 확인하는 시간이다. 아, 이번에 염 부장이 보여 준 것은 실내 3D 화면이다. 그 짧은 시간에 디테일한 실내를 모두 만들어 오다니 정말 대단하다고밖에 할 말이 없다. 마우스를 따라 실내의 구석구석을 보여 주는데, 모두 실측된 비율에 따라 만들어진 것이다. 슬라이드에 보이는 화면이 건축 후 그대로 반영되어 보일 모습인 것이다. 계단이 창을 얼마나 가리게 될지 선명하게 보였고, 거실이 손님 방으로 변신하기 위해 쓰일 벽체가 얼마나 어떻게 자리를 차지할지도 한눈에 볼 수 있었다. 게스트 룸으로 변신했을 때 필요한 숨김 침대의 자리도 보였다. 의견이 분분했던 부엌의 냉장고는 깔끔하게 재배치되었다. 알파룸도 어떤 모습으로 구현될지 한 눈에 들어왔다. 이제는 설계뿐만 아니라 인테리어까지 모두 끝낸 셈이다.

이어서 외관 검토가 이루어졌다. 외관은 내가 보기에도 정말 잘 나왔다. 고생한 흔적이 묻어날 만큼 디테일도 괜찮았고 전체적으로 보기에도 좋았다. 다른 사람들도 만족스러운 표정이었다. 그때 박정진 대표가 종이 두 장을 꺼내 들었다.

"사실 제가 현실적인 걱정이 되어서 준비한 것이 있어요."

스케치안 1 – 박공 지붕

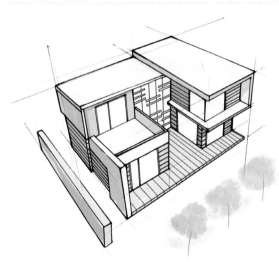

스케치안 2 – 평슬라브 지붕

박정진 대표가 내놓은 것은 스케치된 두 개 타입의 집으로, 하나는 화면에서 보았던 스타일대로 박공 지붕 모양의 집이었고 다른 하나는 평슬라브 지붕으로 된 모던한 집이었다. 내부 공간은 최종 설계에서 결정한 그대로를 옮긴 것이다. 그 스케치를 보며 어떤 타입의 집이 마음에 드는지 간단한 투표를 했다. 방금 프레젠테이션 화면을 본 터라 좀 혼란스럽기는 했지만 평슬라브 지붕의 집이 더 많은 표를 얻었다. 일종의 선호도 조사였는데, 아마도 마지막 프레젠테이션에서 보여 주었던 집도 투표에 포함시켰더라면 결과가 달라졌을지 모르겠다.

선호도 조사에 따라 좀 더 세련된 디자인을 위해 외관을 바꾸기로 했다. 먼저 디자인에 제약이 많고 불필요한 박공 지붕을 걷어냈다. 컴퓨터 상에서 바로 지붕 일부를 걷어내어 평슬라브로 바꾸었고, 그마저도 마땅치 않아 다시 남은 지붕 모두를 걷어냈다. 박공 지붕은 방수가 절대적으로 불리한 목조 주택 또는 황토블럭 주택에서 많이 사용한단다. 다른 방수법이 없으니 건물에 우산을 씌우는 형태인 것이다. 하지만 한글 주택에서는 완벽한 방수 공법으로 우산격인 박공 지붕이 필요 없다. 물론 건축주가 원하면 언제든 설치할 수도 있다고 한다.

조용한 실내에 박정진 대표의 목소리만 들렸다. 박정진 대표는 이것을 바꿔 보자 저것을 바꿔 보자 하며 집을 요리해 갔다. 무언가 하나씩 바뀔 때마다 여기저기서 한숨소리가 들렸다. 염 부장은 안색이 차츰 어두워졌다. 유한 성격인 박정진 대표였지만 이 순간만큼은 강단 있는 사람으로 변해 있었다. 이윽고 집의 모양이 정리되었고 박정진 대표가 다시 입을 열었다.

"이 정도면 좀 더 단순한 구조가 되고 그로 인해 비용에서도 많은 도움이 될 거 같은데 어떤가요?"

"세련된 디자인을 최대한 심플한 구조로 만들어야 근로자의 숙련도가 올라 이틀 할 일을 하루 만에 할 수 있습니다. 일용직 근로자들의 임금을 깎을 수는 없지만 하루에 할 수 있는 일의 양을 늘릴 수는 있으니까요. 작은 금액 하나하나가 모여야만 '1억 주택'에 근접할 수 있습니다."

이장호 이사가 말을 받았다. 열심히 만든 설계 안이 마구 바뀌자 염 부장의 얼굴이 어두워졌다. 여기저기서 불만의 목소리가 나오기 시작했다.

"이렇게 외관 변화가 심하면 이 집의 특징이 없어지는 것 아닌가요?"

"박공 지붕이어야 다락방 같은 특화된 공간 연출이 가능한데 그럴 여지가 없어지면 안 됩니다."

"이 집은 여러 사람들에게 알려질 텐데, 그렇다면 외관에서 디자인적 가치가 있어야 하지 않나요? 지금은 너무 평범해 보여요."

이런저런 이야기가 동시다발적으로 터져 나왔다. 나도 가슴이 답답해졌다. 무거운 분위기가 부담스러워 슬쩍 빠져나왔다. 찬바람에 머리가 시큰했다.

'음. 중요한 게 무엇일까. 그래! 가 보자!'

크게 심호흡을 하고 실내로 들어섰다. 아직도 분위기가 어수선했다. 점점 목소리들이 커져 가서 흡사 잘못 들으면 싸움이라도 하는 분위기인 듯하다.

"저도 한마디 할게요."

모두의 시선이 내게 모였다.

최종 시안 이미지

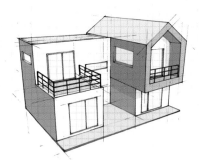

지붕 일부 제거

박공 지붕 모두 제거

"염 부장님, 정말 고생 많으셨어요. 아까 보여 주셨던 집 정말 마음에 들어요. 그런데 염 부장님 죄송합니다. 아까 보여 주셨던 집은 제가 나중에 저희 어머님 집 지어드릴 때 꼭 쓸게요. 진짜로요. 꼭!"

잠시 말을 멈췄다. 무슨 말을 해야 할지 생각을 가다듬었다.

"제가 아버지랑 집 지을 때 시멘트를 삽으로 비벼 가며 지었거든요. 공사비 아끼려고 레미콘도 안 부르고 직접 시멘트랑 모래랑 섞어서 등짐 지고 날라서 지었어요. 그런데 그렇게 했는데도 1억 원이 넘더라고요. 이 정도 규모의 집을 1억 원에 지을 수 있다면 그건 정말 분에 넘치는 거죠. 세월이 훨씬 많이 지났는데 지금 와서도 그 돈으로 이 정도 집을 지을 수 있다면 다른 게 무엇이 필요하겠어요. 이것만으로도 넘치는데 더 바라면 도둑이죠. 지붕도 날리고 이렇게 저렇게 손을 댔지만 내부 공간이 바뀐 것도 아니고 대부분은 그대로잖아요. 바뀐 외관도 가만 보니 괜찮네요. 중요한 건 우리가 왜 이 집을 짓느냐는 거예요. 저도 비싼 돈 들인 집에 들어가서 살면 좋죠. 내 집인데요. 하지만 우리가 이렇게 모여서 1억 원짜리 집을 짓고자 한 건 여러 뜻이 있어서잖아요. 그게 중요한 것 같아요. 그 목표를 위해서 많은 사람들이 모였으니 중요한 걸 지키는 게 맞는 것 같아요."

건축주인 내가 박정진 대표의 편을 들자 모두들 말이 없어졌다. 어색한 분위기를 바꾸기 위해서인지 이장호 이사가 말을 받았다.

최종 시안 - 수정 1

정면

박공 지붕을 걷어냈다.

배면

최종 시안 - 수정 2

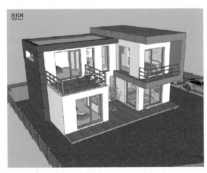

정면

박공 지붕을 걷어낸 자리에 나무 판넬로 덮었다.

배면

확정 시안

정면

좌측

배면

전경

확정된 시안은 나무판넬이나 징크가 전혀 없는 깔끔한 면이 특징이다. 황토면은 페인트로 칠할 부분. 우측에 ㄱ 모양으로 금속 지붕이 들어온 것은 내가 후에 따로 요청한 부분이다.

"김병만 씨가 그렇게 얘기를 해 주시니 이야기는 결론이 난 것 같은데요. 그리고 이렇게 슬픈 이야기를 들을 땐 밥이 최고예요."

어색한 분위기가 '푸훗' 하는 웃음과 함께 풀려 버렸다. 나도 무슨 용기가 나서 그렇게 말을 했는지 모르겠다. 어쨌든 회의가 끝난 후에는 서로 깔깔 웃으며 함께 숯불에 고기를 구워 먹었다. 아직은 쌀쌀한 해질녘, 드럼통에 피워 놓은 장작불을 쪼이며 사람들과 마시는 술은 끝내주게 맛있었다.

이제 모든 설계는 끝났다. 1억 원에 집을 짓기 위한 준비도 끝났다. 다만 92.5㎡(28평)를 짓지 않는 것이 마음에 걸려 박 대표에게 다시 한 번 물은 적이 있다. 119㎡(36평)는 1억 2천만 원 정도가 든다고 한다. 박 대표가 집을 짓는 데 가장 중요한 것은 '집을 짓는 건축주의 생각'이라고 한다. 만약에 집을 큰맘 먹고 지은 집이 마음에 안 들고, 들어가기 싫어지면 어찌할 거냐고 반문한다. 이 집을 보게 될 사람들도 김병만 씨가 지은 119㎡(36평) 집은 약 1억 2천만 원 정도가 들고, 국민 주택 규모인 92.5㎡(28평)를 짓는 데는 1억 원이 든다는 사실을 이해할 것이라는 게 그의 말이다. 이제 그 생각은 훌훌 털고 정글로 향하기로 했다.

이제 며칠 뒤면 다시 정글로 돌아가야 한다. 착공은 정글을 다녀와서 하기로 했다. 그 사이 건축 허가와 기타 여러 가지 일들이 이루어질 것이다. 기대된다. 정글도, 집을 짓는 일도.

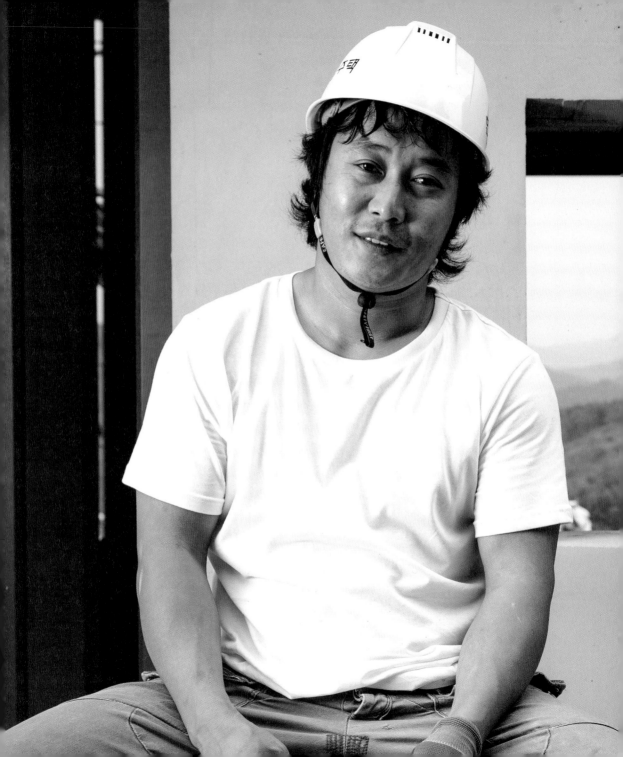

짓다

누군가 말했다.
집을 장만한다는 것은 어른이 된다는 뜻이라고.
부모를 떠나 자신만의 삶을 살아가는 신호라고.
집을 짓는다는 것은 삶을 세우는 일이라고…….

one

첫 삽 뜨던 날

〈정글의 법칙〉 '히말라야 편'을 찍고 돌아왔다. 네팔로 떠나면서 이번에는 아무런 준비를 하지 않았다. 히말라야에 간다는 것은 내면 깊숙이 있는 나를 만나러 가는 기분이었기 때문이다. 그래서인지 모르겠지만 '히말라야 편'은 역대 다른 정글에 비해 육체적으로나 정신적으로나 많이 힘들었다. '과연 히말라야구나.' 하는 생각이 들 정도로.

비행기에서 내리자마자 가평으로 달려갔다. 아직 첫 삽을 뜨지도 않은 집인데도 가평으로 달려가는 마음이 왠지 힘든 일을 끝내고 포근하게 쉴 수 있는 안식처를 찾아가는 느낌이다.

가평에 도착하니 이른 시간인데도 공사 관계자들과 언론사 사람들로 북적인다. 드디어 착공식. 박정진 대표가 반갑게 맞이하며 안전모를 건네준다.

"여기는 공사 현장이니까 꼭 안전모를 쓰셔야 합니다."

"네."

안전모에 '한글주택'이라는 문구가 선명하다. 4개월 동안 '1억 주택' 프로젝트의 타당성 조사와 기획의 틀을 많은 사람들과 고심하며 다듬었다. 기획을 반영한 설계 툴 Tool이 만들어지고, 구체적인 설계 방향을 진행하며 '1억 주택'이 현실감이 입체적으로 갖추어졌다. 그리고 내가 지을 집에 '한글주택'이란 이름이 붙여졌다. 안전모에 쓰여 있는 '한글주택'이란 짧은 네 글자에는 그동안 오늘을 위해 애쓴 많은 사람들의 노고와 희망이 담겨 있다. 또한 나에게도 이 프로젝트의 소명과 함께 현장에서 책임감 있는 시작을 상기하게 하는 의미가 담겨 있다. 안전모를 쓰니 착공하는 것이 정말 실감이 난다. 설렘과 무거운 책임감, 약간의 자긍심까지 만감이 교차한다. 이제 정말 시작이다.

나와 함께 성공을 위해 많은 고심을 하며 열심히 달려와 준 관계자들. 드디어 공개적으로 건축의 시작을 알린다. '1억 주택' 프로젝트 기획 공정 회의 마무리 후, 정글로 떠나 있던 나를 모두가 애타게 기다린 듯 보인다. 히말라야에서 지쳤던 몸과 마음이 '한글주택' 현장에서 새로운 의욕과 흥분으로 치유되는 듯하다.

모든 현장은 안전이 우선이다. 착공식의 첫 순서는 우리네 고유 전통인 안전 기원제. 시공의 시작부터 끝까지 안전하기를 기원하고 서로에게 힘차게 응원했다. 그리고 박정진 대표와 건축사사무소 사람들과 함께 실시 도면을 보면

서 오늘 이루어질 공사 이야기를 하고 있노라니 정말 집 짓는다는 것이 피부에 와 닿았다. 드디어 시작이다. 히말라야에서 인천공항에 도착하자마자 달려오느라, 착공식과 오늘 있을 공사에 대한 사전 준비를 못했던 나에게 많은 배려를 해 준다. 어릴 적 경험이 조금 희미해진 지금, 현장 전문가들의 한마디 한마디들이 소중하다. 이야기 나누면서 떠오르는 것도 있지만, 대부분은 다시 한 번 묻고 확인한다.

오늘 공사는 일명 '터파기'. 건축물의 기초 공사를 하기 위해 땅을 파는 것을 말한다. 다른 말로는 '기초 파기'라고 한다. 어느 곳의 땅을 팔지 도면을 보며 위치를 정했다. 정남향의 땅이라 풍향의 이점을 충분히 살리기 위해 도면에 위치가 지정되어 있었다. 측량기사가 정확한 위치를 지정해 주고 이어서 스프레이로 땅을 팔 자리를 표시했다. 그 사이에 나는 굴삭기 위에 앉았다. 첫 삽을 뜰 영광이 내게 주어졌다. 이번 '1억 주택' 프로젝트의 나의 집 '한글주택'이 착공의 첫 삽을 뜬다. 공식적인 축하를 받으며 사회적으로 알려질 것을 생각하니 더욱 벅차올랐다. 그 큰일이 지금 시작됐다. 나도 모르게 절로 웃고 있다. 기자들은 한결같이 지금 심정이 어떠냐고 묻는다. 좋다. 그래도 이렇게 짧게 말하면 성의가 없으니 무어라 열심히 답하기는 했다. 하지만 사실 무슨 말을 했는지 상세히 기억이 나지 않는다. 마냥 격하게 좋았다.

〈개그콘서트〉에서 '달인'을 할 때 미니 굴삭기로 두부를 잘라 본 적이 있지만 땅을 파는 건 처음이다. 옆에 계신 굴삭기 기사님께 어떻게 다루어야 하는지 재차 물어보았다. 모든 기계가 다 같지 않고 또 평소에 자주 다루는 것이

아니니 쉽게 생각해서는 안 된다. 그래야 실수를 방지할 수 있고 내가 알지 못했던 방법이나 기술을 배울 기회가 된다.

굴삭기 기사님의 친절한 설명에 따라 굴삭기를 조작하니 이전에 다루어 보았던 경험들이 새록새록 다시 떠오른다. 굴삭기가 첫 삽을 뜬다. 굴삭기의 큰 팔이 움직이자 팔 크기만큼의 땅이 패인다. 흙을 떠냈을 뿐인데 마음이 감개무량하다. 다시 조심조심 흙을 떠낸다. 위치는 맞는지 깊이는 적당한지 측량기사가 지시하는 바에 따라 기계를 조작한다. 굴삭기 기사님이 OK 수신호를 보낸다. 흙이 한 줄로 어느 정도 파지자 측량기사가 다시 제대로 파고 있는지 알아보기 위해 측량을 하러 왔다.

작업 시간을 절약하기 위해 굴삭기 기사님께 기계를 돌려드리자 박정진 대표가 레벨측량기를 직접 조작해 보겠냐고 묻는다. 물론 감사한 일이다. 건축 현장에서 이루어지는 모든 일을 해 보는 게 개인적으로는 이번 현장에서의 목표이기도 하다. 이번 기회에 건축일을 제대로 배워 볼 요량이다. 건축과에 진학한 것도 언젠가는 건축가로서 어머님의 집, 또 언제가 지어질 개그 공연장을 내가 직접 짓고 싶어서이다. 건축가 김병만이 되기 위해 하나부터 열까지 전부 다 해 볼 생각이다. 레벨측량기 조작은 그냥 할 수 있는 일이 아니어서 어떻게 다루는 것인지 무엇을 보며 체크하는 것인지를 배워야 했다. 그리고 서로 수신호를 하며 위치를 조정해야 했다.
'오호, 재미있는데?'
수신호를 주고받으며 작업이 진행되자 어느새 터파기 공사가 끝이 났다.

현장 지식을 넓히기 위해 묻고 들으며 배워야 할 것이 많다. 공사가 끝나도 박정진 대표와 현장 전문가들과의 대화는 끊임없이 필요했다.

터파기 공사는 기초를 위한 작업인데 중부지방은 보통 약 90~100cm 정도를 판다고 한다. 이 깊이를 동결선이라고 하며 겨울에 땅이 어는 최대 깊이를 나타낸다. 터파기 할 때 이 깊이는 매우 중요한데 동결선보다 낮게 기초를 하여 건축을 하면, 땅이 얼었다 풀리면서 건물의 큰 무게를 견디지 못하고 땅이 이동하거나 꺼지는 일명 '부동침하'의 원인이 되기 때문이다. 건물 안전에 심각한 위험 요인이 되는 것이다. 그래서 더 꼼꼼히 깊이를 점검했다. 잠시 후 레미콘 차량들이 현장으로 올라오기 시작했다.

지금부터 할 작업은 터파기를 한 곳에 '지정'을 할 차례였다. '지정'이란 기초

를 보강하거나 지반의 지지력을 증가시키기 위한 작업을 말하는데, 연약지반이 아니라면 보통은 '밑창콘크리트 지정'을 한다. 밑창콘크리트는 흔히 '버림콘크리트'라고도 하며, 잡석이나 자갈을 시멘트와 섞어 바닥에 6cm 정도 까는 것을 말한다. 집을 짓는 현장 자체가 돌산이라 기초가 튼튼하여 우리도 밑창콘크리트로 지정을 할 것이라고 했다. 지금 올라오는 레미콘들은 밑창콘크리트에 필요한 것을 싣고 오는 중이다. 다만 기초를 더 단단하게 할 목적으로 지정의 두께는 15cm 정도로 할 예정이다.

작업을 위해 갑자기 주변이 분주해졌다. 레미콘이 들어와 작업을 해야 해서 주변에 어지럽게 주차된 차들을 빼고 작업 공간을 만들어야 했기 때문이다. 기자를 비롯하여 많은 분들이 찾아온 관계로 한바탕 소란이 일었다. 첫날의 분주함이 오감으로 전해졌다.

그 사이 터파기를 한 곳에 비닐을 깔았다. 지정을 하기 전에 바닥에 비닐을 깔아 주면 나중에 건물로 습기가 덜 올라온다. 꼼꼼하게 빈틈없이 비닐을 쳤다. 비닐을 다 치자 레미콘이 조심스럽게 콘크리트를 쏟아내고 콘크리트가 일정한 높이를 이루도록 손 막대로 미는 작업이 계속해서 이루어졌다. 당연히 나도 장화까지 갖춰 신고 함께 작업했다. 상면을 깔끔하고 깨끗하게 만드는 것이 좋다고 해서 열심히 손 막대를 밀었다. 처음에는 마음대로 잘 안 되더니 도구가 손에 익자 제법 그럴 듯한 면이 나오기 시작했다. 작업을 하는데 비가 오락가락 한다.

"콘크리트를 부었는데, 비가 오네요. 괜찮을까요?"

"이 정도 비는 괜찮아요. 오히려 콘크리트는 수중양생이라고 해서 수중에서 양생을 할 때 제대로 된 강도가 발현됩니다. 물론 타설을 할 때 비가 온다면 타설을 중지해야 합니다. 콘크리트에 물이 들어가면 콘크리트 배합비가 바뀌기 때문에 강도에 큰 영향을 줍니다. 그 밖에도 동절기 및 혹서기도 콘크리트 타설 요령이 각각 다릅니다."

건축 구조를 전공하고 있지만 많은 것을 더 배우고 싶은 욕구가 점점 더 생겼다. 그동안 사무실에 쌓아 두기만 했던 먼지투성이 전공 서적이 생각났다. 나는 원래 몸으로 배우고 직접 해 보는 걸 좋아하지만 이 프로젝트의 성공을 위해 오랫동안 잊었던 전공 서적을 다시 펼쳐 봐야겠다.

콘크리트가 말라야 해서 오늘은 여기까지 하고 끝낼 예정이다. 아침부터 안전기원제도 지내고 굴삭기로 기초도 파고 레벨측량기도 하고 밑창콘크리트 작업까지. 아침 8시부터 시작된 일정이 어느덧 점심시간을 훌쩍 넘겨 늦은 오후로 기울고 있었다. 작업 종료라고 하니 갑자기 여독과 함께 작업의 피로가 몰려온다. 하지만 기분 좋은 노곤함이다.

콘크리트가 양생되고 작업이 가능한 다음 주 초에는 기초 작업을 한다는데, 스케줄 때문에 참여할 수가 없다. 어떻게 바꿀 방법 없나? 아쉬운 마음이 한가득이다. 다음 스케줄을 기약하며 오늘 고생한 공사 관계자들과 함께 인근 식당을 찾았다. 대략 20여 명 정도였던 것 같다. 닭볶음탕과 소맥을 시켜 첫

시작을 축하했다. 나는 이렇게 소박한 음식과 땀 흘린 후 먹는 술 한 잔이 좋
다. 가평의 특산물인 잣 막걸리도 한참을 마셨다. 근로자들과의 건축 이야기
로 기분 좋게 취해 집으로 돌아갔다.

공사 허가

정글에서 돌아오자마자 바로 공사를 진행할 수 있었던 이유는 박정진 대표가 그 전에 논의된 내용으로 공사 허가를 받았기 때문이다. 공사 허가는 사실 전문가들의 영역이다. 설계와 건축법에 대한 여러 가지가 얽혀 있어서 건축에 문외한인 사람들은 쉽게 해결을 할 수가 없다. 그래서 대부분은 설계사사무소에 설계 의뢰를 하면서 공사 허가까지 함께 진행하는 경우가 많다.

이번에 진행하는 한글주택은 첫 케이스인 내 집뿐 아니라 가평 인근의 한글주택 단지의 설계가 완성되면 시행사인 발트하임에서 일괄해서 공사 허가를 진행할 예정이다. 무엇이 되었든 공사 허가는 전문가와 함께 해야 한다.

기초 공사

터파기와 기초 공사를 하면서 건축에 필요한 기초 공사를 단계별로 정리해 보았다.

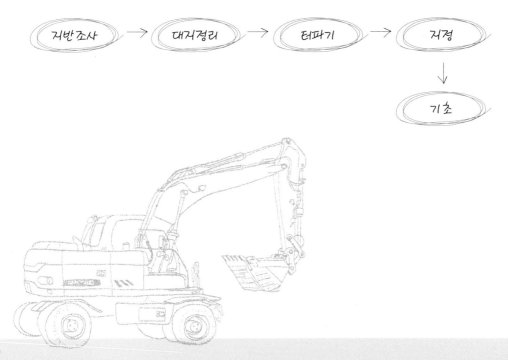

지반조사 → 대지정리 → 터파기 → 정지

↓

기초

1 지반조사 및 지내력 검사

지반조사는 설계와 시공 전에 반드시 해야 하는 가장 기초적인 조사이다. 집을 지을 땅이 어떤 상태인지 알고 있어야 설계와 시공 방법이 명확히 나오기 때문이다. 만일 이 조사를 소홀히 하면 시공 시에 각종 장애와 설계 변경 등이 생기기 쉽고 이것은 건축 비용의 상승을 가져온다. 특히 이전에 집을 지어 본 적이 없는 외따로 떨어진 곳에 집을 지을 때는 필수적인 부분이다. 또한 해당 부지의 지지력이 의심스러울 경우 평판재하시험을 통하여 부지의 지내력을 전문가와 상담해야 한다. 이는 보통 토질 및 기초를 전문으로 하는 회사 또는 건축구조회사에 의뢰 하여 실시한다.

내가 집을 짓는 가평 현장은 발트하임에서 한글주택단지를 계획한 타운하우스 단지여서 이미 지반조사를 충분히 한 상태였기 때문에 건축주가 따로 지반조사 비용을 들일 이유가 없다. 타운하우스처럼 기반이 조성된 지역은 본인이 직접 기반을 조성해야 하는 곳보다 이런 면에서 유리하다. 다음은 지반조사에 관한 내용이다. 내용을 보면 건축주가 직접 하기는 쉽지 않고 전문가들에게 맡겨야 하는 부분이라는 것을 알 수 있을 것이다. 주로 건축사사무소에 의뢰한다.

항목	내용	비용
부지조사	간단하게 말해 측량이다. "여기서부터 저기까지가 구입하신 땅이에요."라는 말만 믿고 집을 지으면 나중에 토지 분쟁에 휩싸일 수 있다. 특히 시골에서는 그런 경우가 더욱 심하다. 때문에 꼭 지적공사에서 경계 측량을 받아야 한다. 또 건축 허가를 신청할 때에는 공인된 기관의 측량 자료를 첨부해야 하므로 건축을 하기로 마음을 먹었다면 토지를 매입할 때부터 미리 측량을 해 두는 것이 좋다.	측량 비용은 대한지적공사 지적측량바로처리센터에서 확인해볼 수 있다. 전화 1588-7704 인터넷 c4c.lx.or.kr
지반조사	지층의 구성, 토질, 각 지층의 깊이, 치밀성, 지내력 등을 조사하는 것이다. 과거와 현재의 지표면 변동 사항을 체크하고 지하수의 위치나 동결선 등을 체크한다.	

② 대지정리

집을 짓기 위한 정리 작업이다. 기존 건축물이 있는 경우 철거하는 작업을 포함한다. 집을 짓기 위한 수목이나 암반 정리, 공사장 진출입로 확보, 작업을 하기 위해 필요한 전기, 물, 화장실 설치가 여기에 해당한다.

③ 터파기

기초를 하기 위한 준비 작업이다. 지정과 기초가 들어설 공간에 터파기를 한다. 대부분 집의 모양과 유사하게 기초를 하기 때문에 터파기를 한 모습만 보아도 집의 바닥면이 어떻게 나올지 알 수 있다. 터파기의 방법은 기초의 종류에 따라 크게 3가지로 구분한다.

가평 현장의 터파기 모습

항목	내용
구덩이파기	독립 기둥 밑에 단독으로 되는 기초. 한옥같이 독립적인 기둥을 올리고 보를 연결하여 짓는 집에 주로 쓰이고 기둥 중심으로 설계된 콘크리트 주택에도 쓰인다.
줄기초파기	가장 보편적인 터파기 방법. 힘을 받는 내력벽을 따라 기초를 하는 방식. 가평 현장도 이 방식으로 터파기를 했다.
온통파기	건물 바닥 전체를 기초로 삼기 위해 하는 터파기. 지하실 자체도 기초가 되기 때문에 지하실을 둔다면 이것은 온통 파기에 해당한다. 지하실을 두거나 지반이 연약할 경우 주로 사용한다.

4 지정

터를 판 후 기초를 보강하기 위한 사전 작업이다. 보편적인 주택에는 두 종류의 지정이 주로 쓰인다.

❶ 터파기 한 곳에 비닐을 깔고 콘크리트를 붓는다. ❷ 콘크리트를 일정한 높이가 되도록 높이를 잡는다. ❸ 바닥면이 일정하게 되도록 면을 깔끔하게 만든다.

항목	내용
보통 지정	밑창 콘크리트 지정과 같은 일반적인 지정을 뜻한다. 기초를 하기 전에 잡석이나, 모래, 자갈을 까는 방법이 있고 일반적으로는 기초를 튼튼하게 하기 위해 밑창 콘크리트를 깐다.
말뚝 지정	말뚝을 박아 지반을 다지는 것으로 지반이 부실하거나 축대, 중량이 무거운 건물이 들어설 때 주로 사용된다. 물의 도시 이탈리아 베니스의 기초가 된 것으로 유명한 나무말뚝 지정. 도심에서 지하로 깊게 들어가거나 옆 건물 바로 옆에 집을 지을 때 주로 박는 철제 말뚝 지정. 중량이 무거운 건물이 올라갈 때 커다란 콘크리트 기둥을 바닥에 박는 기성콘크리트말뚝 지정 등이 있다.

5 기초

건물 무게, 바람의 영향, 지진 등 외부의 힘으로부터 건물을 안전하게 지켜주기 위해 건물 하부에 하는 작업을 말한다. 터파기 자체가 기초를 놓기 위한 작업이므로 터파기 방법과 기초 방법이 대부분 일치한다.

가평 현장의 기초 방법을 보면 줄기초 방식으로 터파기를 한 후 밑창 콘크리트 지정을 하여 기초를 보강했다. 그 위에 줄기초 방식으로 형틀을 만든 다음, 매트 기초처럼 기초를 하였는데 이런 기초를 복합 기초라고 한다. 이런 방법을 쓰는 이유는 매트 기초의 단점을 보완하기 위한 것이다. 많은 현장이 그저 땅을 다지고 고른 후에 지정을 하고, 평면에서 바로 매트 기초를 하는데 이렇게 하면 나중에 부동침하 등과 같은 취약성이 있을 수 있다. 줄기초처럼 터파기를 하고 단을 높여서 매트 기초를 하고 콘크리트를 부으면 줄기초 위에 매트 기초가 놓인 형상이 되어 기초가 더 튼튼해진다. 물론 줄기초를 따로 한 후 다시 매트 기초를 하는 것과 비교해 보면 효과는 같지만 비용은 절감된다. 대부분의 한글주택은 이와 같은 공법의 기초가 적용될 것이다.

항목	내용
독립 기초	1개의 기초판으로 1개의 기둥을 받는 건물에 주로 쓰이는 기초
연속 기초	줄기초라고도 한다. 벽 또는 일련의 기둥을 연속된 기초판으로 받는 기초. 벽돌, 콘크리트 집에 많이 쓰이고, 지반이 균일한 곳에서 주로 쓰인다.
온통파기 기초	건물 하부 전체를 기초로 만드는 것. 주로 지하실이나 하중이 무거운 건물에 쓰이며, 특히 지반이 불안한 곳에서 주로 쓰인다. 같은 방법으로 사용되는 기초로는 '매트 기초'가 있다. 현재 우리나라에서 가장 보편적으로 쓰이는 기초법으로, 대부분의 건축 현장이 이 방법을 사용한다. 가평 현장도 연속 기초인 줄기초와 함께 이 방법을 복합하여 사용했다.

독립 기초

연속 기초

매트 기초

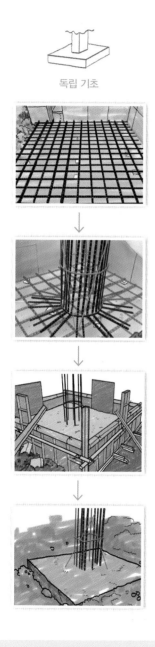

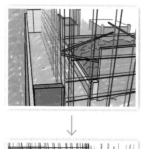

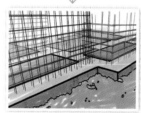

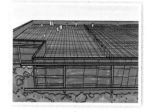

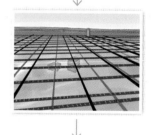

1회차 (4/26)

착공식과 첫 삽 뜨기

착공식

터파기

레벨측량기

밑창 콘크리트

기초 거푸집 설치 및 철근 배근
월요일 우천으로 화요일부터 작업

철근 배근

기초 거푸집 설치

기초 콘크리트 타설

양생 위해 다음 날 쉼

철근 배근

기초 콘크리트 타설

two

함께 짓는 집

지난 일주일 동안 몸이 근질거렸다. 정글에서 돌아와 후반 작업을 해야 했고 선약된 스케줄과 언론사 인터뷰들이 줄지어 있었다. 이럴 때는 정글에 있을 때보다 더 바쁘다. 스케줄이 몰린 탓이다.

현장에 오니 기초가 완성되어 있었다. 그런데 기초를 감싸고 있는 거푸집이 조금 특이했다. 보통의 현장에서는 보지 못했던 것들이다. 개그맨의 꿈을 안고 무작정 상경한 무명 시절 안 해본 일 없이 많은 일을 했는데, 그중에서 건설 현장 잡부로 거푸집 다는 일도 했었다. 그런데 이건 처음 보는 것이었다.

"이번 공사에서 핵심이 될 '마감일체형 단열거푸집 시스템 공법'이에요."
"핵심이요?"
"네, 김병만 씨가 정글에 있는 동안 저희도 놀고 있었던 건 아니거든요. '마감일체형 단열거푸집 시스템 공법'은 우리 프로젝트의 설계 툴 tool인 '한글주

택 모듈러'와 세트예요. '한글주택 모듈러'로 건축주의 셀프 설계가 가능하고, 형틀로 규격화 되어있는 거푸집이 완성 된 설계를 합리적으로 반영할 수 있어서 완벽하게 결합 되요. '마감일체형 단열거푸집 시스템 공법'의 규격화가 단순화된 공정으로 노무자들의 숙련도가 높아지고, 공기 단축에 영향을 주어, 공사비 절감이 가능한거죠."

"설계하셨던 때 기억하죠? 저, 거푸집 12개를 열심히 작업하시면, '한글주택 모듈러' 한 개의 한쪽 면이 완성되는 겁니다."

"아. 그렇게 되는 거군요!"

"아. 그럼 저 쪽은 1층 거실 외벽 쪽 이니까. '한글주택 모듈러' 두개 놓은 곳이 맞죠?"

"네"

"그럼, 저기 외벽은 거푸집 24개만 작업하면 되겠네요."

"이해가 빠르신데요?"

내가 관심을 보이자 박정진 대표가 자세히 설명을 한다. 내가 정글에 가 있는 동안 수많은 업체와 만났다고 한다. 마지막 설계를 확정하고 나서 그 설계대로 집을 지을 때 얼마가 나올지 최종 견적을 내기 위해 많은 시공사와 미팅을 가졌다는데, 만났던 업체 대부분이 도면을 들이밀자 2억 2천~2억 5천만 원 정도의 공사비를 불렀다고 한다. 물론 박정진 대표는 자체에 시공팀이 있긴 있지만, 기획의 시초부터 단지형 '1억 주택'이 준비된 상태였기에 다발적인 시공을 위해 어떤 시공사가 와도 표준적인 금액으로 일정한 품질의 집을 짓게할 필요가 있어 많은 업체와 미팅을 가졌다고 한다.

'마감일체형 단열거푸집 시스템 공법'은 미국이나 유럽에서 보았던 공법보다 한층 발전한 기술로 노출 콘크리트 공법이면서도 단열과 기밀성을 동시에 확보할 수 있었고 시공도 간편하다. 보통의 노출 콘크리트 방식은 단열에 많은 문제를 가지고 있는데, 이 공법은 그 문제를 해결한 우수한 공법이라는 것이다.

일반적인 계산으로는 이 공법으로 지어도 비용이 비싸다. 단열에 특화되고 우수한 기밀성이 우리나라 기후 특성에 잘 맞는 기술이기는 하나, 골조 비용이 일반 유로폼 거푸집*을 사용했을 때보다 1.5배 가까이 비싸진다. 그러나 내부 인테리어 시공이 동시에 해결되는 장점이 있다. 보통 유로폼으로 콘크리트를 양생하면 내부에 다시 단열재를 치고 그 위에 나무 형틀을 잡고 얇은 합판을 하나 대고 다시 그 위에 석고보드를 두 장 정도 친 다음 벽지나 다른 인테리어를 하는 것이 정석이다. 그러나 이 공법은 콘크리트와 단열재가 일체형으로 붙어 있고 단열재 끝에 일체형 마감재가 붙어 있어 그 위에 도배나 칠 등을 하는 것으로 내부 공사 대부분이 끝난다. 골조 공사를 하는 것만으로도 외장과 내장 공사를 마칠 수 있어서, 공사기간과 인건비 등을 생각하면 오히려 비용 절감이 가능하다.

하지만 모든 기술이 장점만을 가지고 있지는 않다. 박 대표가 단점과 개선 방향을 이야기한다. 첫째는 단열재 두께의 가변성이다. 현재의 거푸집으로는 훨씬 더 두꺼운 단열재를 사용할 수 없다. 또한 소재의 특성상 거푸집의 비용이 1억 원을 훌쩍 넘는다. 아무리 좋은 기술이라도 1억 원에 집을 짓는데 가설자재의 비용이 1억 원이 넘는다는 것은 문제이기에 단열재 성능을 높이고 비

유로폼 거푸집 콘크리트 집을 지을 때 기둥이나 벽체, 지붕 등에 사용하는 형틀의 하나. 철재로 되어 재사용하기 편리하게 되어 있다.

용을 대폭 낮춘 거푸집을 다시 제작할 예정이라고 한다.

현장을 둘러보며 설명을 들으니 더욱 이 공법이 마음에 들었다. 외벽과 내벽이 콘크리트 타설 한 번으로 끝나는 것이 마음에 들었고, 내부 단열이 열교● 현상 없이 완벽하다는 점 역시 마음에 들었다. 게다가 구조 자체가 방수와 누수에 강하다는 점은 더욱 매력 있는 일이었다. 그래서 도면을 놓고 허심탄회하게 이야기를 나누었는데, 뜻밖에도 자재업체 사장마저도 고개를 저었다.

●**열교** 열에너지가 물질과 물질 사이의 연결에 생긴 틈으로 서로 이동하며 유출 또는 손실되는 현상을 말한다.

"이거 1억에는 힘들 것 같아요. 아무리 빠듯하게 해도 1억 5천은 나오겠지. 이게 1억에 되면 대박이게?"

"왜요?"

"외장과 내장을 한꺼번에 끝낸다 해도 공법이 까다로우니까 골조 비용이 1.5배 이상은 되잖아요. 그것도 생각해야지."

"외벽과 내부가 한 번에 끝나는데 그걸로 상쇄되지 않겠어요?"

"이걸 적용하려면 설계도 변경해야 돼요. 건축주가 용납하겠어요?"

"설계 변경이 큰 게 아니라면 괜찮을 거예요. 김병만 씨도 화려한 인테리어를 기대하는 게 아니어서 괜찮아요. 문제는 비용의 절감 효과와 장점이죠."

"지금까지 지어 놓은 것을 보면 장점은 확실하지만 비용 문제는 내가 뭐라고 하기 힘들어요. 솔직히 집 짓는데 1억이 돈인가요. 눈 깜박하면 넘어가 버리는데……."

"알아요. 그래도 설계나 시공이 받쳐 줘서 이게 표준주택처럼 되면 우리나라 건축 문화에 크게 이바지하는 거죠. 제가 구조적 문제와 공정 단순화로 근로자의 숙련도를 높여 단가를 내려 보겠습니다. 한번 해 보죠."

건축사사무소로 들어와 설계 검토에 들어갔다. 다시 한 번, 이 공법에 대해 설명을 듣고, 특히 이 공법에 사용하는 형틀이 30cm 간격으로 완벽하게 결합되어야 한다는 점을 상기했다. 이 간격은 이러한 공법의 매우 정밀한 시공을 가능하게 한다. 그러나 자유롭게 설계를 하는 건축가들에게는 족쇄와 같은 장애물이다. 설계가 완성된 후 이 공법으로 시공하게 되면 건축사와 가장 많이 부딪힌다고 한다. 모든 설계가 30cm 간격으로 딱 맞아떨어져야 하기 때문이다. 하지만 '한글주택'은 이미 '한글주택 모듈러'를 통한 설계 공법이었기에 문제가 없다.

그다음은 복잡한 내부 공간을 골조에서 좀 단순화하는 것으로 비용 절감을 도모했다. 박 대표는 주택 건축에 있어서 가장 중요한 단열성능과 방수에 총 1억 중 7천만 원 가까이를 할애할 것이라고 한다. 보통은 5천만 원 정도면 가능한 일인데 말이다. 단열과 방수는 집을 짓고 나면 눈에 보이지 않는 부분이다. 일부 시공사는 이 부분에서 부실한 시공을 해서 이윤을 남기기도 한다. 그리고 인테리어를 최대한 심플하게 한다고 한다. 나도 동감이다. 집에 있어서 '성능'이라고 말할 수 있는 것은 따뜻함(단열)과 비가 새지 않는 것(방수)이라 생각한다. 처음부터 고민했던 집의 본질이라는 것이 이것이 정답이 아닐까? 따뜻하고, 비가 새지 않고, 튼튼한 집. 인테리어란 어찌 보면 치장에 불과하다. 여자들의 화장과 같은 것이다. 피부를 건강하게 하고 화장을 최대한 줄이자는 말이다. 전적으로 동감이 가는 이야기이다.

미적인 기능과 공간적인 기능을 유지하기 위한 곳은 건식이나 습식으로 추

후 따로 벽을 세우는 것으로 계산하니 골조에서도 많은 비용을 절감할 수 있었다. 이 부분은 구조상의 하자를 불러오는 부분이 아니기 때문에 시도가 가능했다.

현장에 임하면서 이 프로젝트는 '가능성'이 아니라 '확신'으로 다가오고 있다. 단, 가능한 한 설계가 단순하고 심플해야 한다. 그러면서도 세련되고 모던한 디자인의 건축물이어야 한다. 그래야 건축에서 가장 비용이 많이 드는 골조 비용을 절감할 수 있다. 물론 그 심플함의 범위가 어디까지인지는 모르겠다. 내 집 역시 매우 심플한 집이라고는 생각하지 않기 때문이다.

내가 정글에서 치열하게 촬영하는 동안, 한국에서도 박정진 대표를 비롯하여 많은 사람들이 '1억 주택'의 꿈을 이루기 위해 동분서주했다는 사실이 놀랍고 고마웠다.

🎁　🎁　🎁

현장에서는 시공팀이 기초에 사용한 거푸집을 떼어내고 있었다. 나도 옷을 갈아 입고 일꾼으로 변신해 함께 거푸집을 떼어내는 일부터 시작했다. 그런데 보드를 떼어낸 콘크리트 노출면이 너무나 매끈해서 깜짝 놀랐다.

"이거, 두부 같네요?"

전 뭐든 잘하는
달인이 아니고
열심히 해서
달인처럼 되고 싶은
사람일 뿐이에요.

"왜요? 이래뵈도 기초는 튼튼하게 한 건데……."

내가 농담처럼 한 말을 기초가 튼튼한지 되물어보는 것으로 아셨나 보다.

"그게 아니라 이거 잘라서 찌개 해 먹어도 되겠어요. 면이 너무 깔끔하잖아요. 마치 두부 자른 것처럼요."

"아, 일반 유로폼과는 다르게 노출 콘크리트로 마감을 해야 하니까요. 이 정도 안 나오면 아예 작업을 말아야죠."

"기초의 품질도 정말 만족스러운데요? 기초가 가지고 있는 수평과 레벨 모두 완벽할 정도예요. 편차가 4mm도 안 나는 것 같아요. 주문 제작하는 가구도 3mm 정도는 오차가 있거든요. 기초가 거의 가구 수준인걸요."

이 공법에 대한 자부심을 가득 느낄 수 있는 말이었다.

옆에 있던 이장호 이사가 한마디 거든다. 시공 팀과 처음 손발을 맞추는 것인데 그 결과가 무척 마음에 드는가 보다.

"김병만 씨가 잘해 줘서 기초가 이렇게 잘 나온 거예요."

"제가요? 저 기초할 때는 스케줄 때문에 못 나왔는데요."

"이 공법은 밑창 콘크리트 때부터 정밀한 시공이 시작되는 거거든요. 병만 씨가 첫날 밑창 콘크리트 치고 열심히 밀면서 면을 깔끔하게 다듬었잖아요. 그게 잘 돼서 이렇게 기초가 잘 나온 거예요."

정말 이 공법은 터파기 후 지정을 할 때부터 시작된다고 한다. 보통 버림 콘크리트라고 부르는 밑창 콘크리트에 면을 맞추고 레벨을 맞추는 작업은 다른 현장에서는 잘 하지 않는다고 하는데, 이는 기초를 보강하기 위해 버리는 작업이나 기초를 하기 위해 먹줄을 놓기 위한 선 작업 정도로 생각하는 경향 때문이란다. 하지만 이 공법처럼 정밀한 기초를 놓으려면 밑창 콘크리트 때부터 면을 다듬고 레벨을 정확히 맞추고 또 기초가 들어갈 면보다 1m 정도 넓게 밑창 콘크리트를 부어야 제대로 된 작업을 할 수 있다고 하니 나의 공로도 조금은 있는 셈이다. 이 공법은 다음 작업에서 보정을 하겠다는 생각으로는 절대 정밀한 작업을 할 수 없다. 밑창 콘크리트부터 확실하게 하지 않으면 다음 작업의 진척이 거의 힘들다. 때문에 기초 작업 역시 다른 현장보다 시간이 많이 걸리지만 기초가 잘 나오면 이후 작업은 일사처리로 진행되는 장점을 가지고 있다.

과연 그래서 그런지 면도 깔끔하고 기초가 나온 1층 면도 수평이 잘 맞아 보였다. 하긴 모든 것은 기초가 튼튼해야 한다. 보드를 떼는 작업은 곁눈질로 따라 했지만 1층 외벽 거푸집을 설치하는 것은 따라하기 힘들었다. 작업반장의 설명을 듣고 시범을 본 후 거푸집 설치 작업에 착수했다. 몇 번이나 설치 강도에 대한 훈계(?)를 들은 다음에야 그럭저럭 제대로 설치할 수 있었다.

"다행히 생각보다 쉬운데요. 신공법이라 해서 긴장 많이 했는데, 오히려 예전 유로폼 거푸집 설치할 때보다 간단한데요."
"심플하다는 게 이 공법의 특징이죠. 나중에 건축주들이 원한다면 와서 거푸집 공사를 함께 할 수 있을 정도예요. 전문가들이 옆에서 도와주면 되니까 문제될 것도 없어요."
"공사에 방해되지는 않겠어요?"

"방해는 무슨, 백지장도 맞들면 낫다는데 일꾼 하나 더 있으면 일 빨리 끝나고 좋지. 처음에 요령이 없어서 그렇지 아주 어려운 작업이 아니니까 도움되지요. 일정 당겨지면 공사비 절감되니 좋고. 건축주에게는 축복 같은 공법이라고나 할까."

"그런가요."

"병만 씨야 달인이니까 뭐든 잘하지만. 이 공법도 전문가들이 옆에서 도와주기만 하면 잘할 수 있는 달인 시스템이라니까. 물론 할 거면 다시 손 안 가게 확실하게 해야지. 괜히 현장 와서 꾀 부릴 거면 안 오는 게 낫고."

"전 뭐든 잘하는 달인이 아니고 될 때까지 열심히 해서 달인처럼 되고 싶은 사람일 뿐이에요."

"그게 달인이지. 열심히 하면 되잖아. 열심히도 안 하면서 뻐기려는 사람보다는 백 배 낫다."

1층 외벽 거푸집 작업에 열중하다 보니 벌써 점심시간이다. 이장호 이사가 점심으로 자장면을 주문했다. 오호! 이 먼 곳까지 배달이 되나 보다. 역시 배달 문화는 대한민국을 따라갈 나라가 없을 듯하다. 이때 박 대표가 한마디 한다.

"병만 씨, 초보자가 땅을 살 때 땅 고르는 법 가르쳐 드릴까요? 비법은 내가 살 땅에 자장면 배달이 오나 안 오나 알아보면 됩니다."

언뜻 이해가 가진 않지만 설명을 들으니 이해가 간다. 자장면이 배달되는 곳은 적어도 10분 정도 거리에 시내가 있다는 뜻이다. 부동산은 뛰어난 경치보다는 접근성이 비용을 정하는 우선순위라고 한다. 아무리 경치가 좋아도 약

하나 사기 위해서 30분씩 나가긴 힘들기 때문이다. 그 정도 오지이면 당연히 도로나 기반시설도 잘 되어 있지 않아 오히려 토목 공사비가 더 많이 나오기도 한다고 한다. 간단하지만 아주 유용한 토지구매의 팁이 아닌가. 오전 내내 힘을 썼더니 점심이 정말 달다. 게다가 일한 만큼 거푸집이 올라가니 집의 외벽이 완성되는 기분이라 보람도 있었다.

점심을 먹는 동안 자연스럽게 이번에 다녀온 정글 이야기와 집짓는 이야기들을 하게 되었다. 처음 보는 사람들도 있었지만 오래된 친구처럼 술술 이야기가 풀린다. 현장에서 함께 땀을 흘리며 같이 먹는 식사는 이런 정겨움이 있다. 이야기 중에 힘들었다는 말이 나오자 이장호 이사가 농담을 건넸다.

"그래도 병만 씨, 우리 현장에서는 가슴에 못 박는 일은 없을 테니 안심하고 나오셔도 돼요."
"네?"
"명색이 건축 현장인데 우리 현장은 못이 없어요. 그러니 안심하시라는 거죠. 볼트와 드릴 밖에 없잖아요. 병만 씨는 볼트와 드릴만 조심하면 돼요."

무슨 말인가 귀를 기울이던 모두가 또 한 번 폭소를 터뜨렸다. 정말 이 현장에는 못이 없다. 모든 결합을 드릴을 이용해 볼트로 조이는 작업으로 마치기 때문이다. 건축 현장에서 못 때문에 다쳤던 경험담들이 여기저기서 폭포처럼 쏟아져 나왔다. 나도 아르바이트를 할 때 건축 현장에서 못에 옷이 찢어지고 살이 베인 경험이 있다. 세상 참 많이 좋아졌다.

오후 작업은 다른 작업자가 거푸집을 설치할 수 있도록 외벽 거푸집을 나르고 외벽 거푸집에 콘크리트를 타설한 후 잘 떨어질 수 있도록 윤활제를 바르는 작업으로 줄기차게 이어 갔다. 이른바 거푸집이 설치되기 좋게 준비 작업을 하는 것이다. 무엇 하나 빛나지 않는 일이 없으니 반복적인 작업이라도 할 수 있는 한 모두 해야 한다. 하지만 오늘도 언론사 취재가 있어서 작업 중간중간 촬영과 인터뷰를 진행해야 했다. 집 만드는 과정을 책으로 엮기로 했기 때문에 출판사에서도 현장 스케치 촬영을 나왔다. 어디선가 나를 찍고 있다는 생각에 꽤 부담도 되었지만, 처음 기획했던 대로 '1억 주택'이 성공적으로 완성되는 현장을 보여 주고, 경제적인 주택을 꿈꾸는 이들에게 알릴 수 있는 과정으로 여기며 일하기로 했다.

5시가 넘어가자 취재 왔던 분들도 모두 돌아가고 진짜 작업할 사람들만 남았다. 1층 외벽 거푸집 공사가 생각보다 빨리 진행되어 잘하면 오늘 다 할 수 있을 것 같았다. 기왕이면 오늘 끝내고 가려는 마음을 먹자 손놀림이 급해졌다. 거실 쪽에서 도로 쪽으로 난 창 형틀을 달 때였다.

"이 창 없애면 안 되나요?"
"왜요? 병만 씨."
"마당 쪽에 창이 있는데 굳이 도로 쪽에도 창을 낼 필요가 있나 해서요."
"프라이버시 때문에요?"
"그렇죠. 도로 쪽에서 들여다볼 창을 굳이 낼 필요가 있을까 해서……."
"음, 그 창은 원래 밖에 누가 왔나 살펴보는 방범창 역할도 하는데."

에구! 괜히 말했다.

　내 한마디에 갑자기 사람들이 몰려들고 도면을 가져오고 자기들끼리 옥신
각신하기 시작한다. 그 자리에 창이 있어야 한다는 사람, 창의 위치를 조금 변
경하자는 사람, 건축주의 의견이니 아예 없애자는 사람……. 그런 사람들의
모습을 보니 방금 한 말이 후회되었다. 분명 도면을 만들 때도 봤고, 3D로 볼
때도 있었던 것 같은데, 막상 지어지는 모습을 보니 이러고도 싶고 저러고도
싶어진다. 건축주의 그런 모습은 공사에 참여한 모든 사람을 혼란에 빠뜨린
다. 갑작스런 설계 변경 요구이기 때문이다. 결국 채광창으로서의 역할이 크
다는 합리적인 의견을 받아들여 원래의 설계안 그대로 진행하기로 했다.

　설계 때 수용을 했더라도 현장에 와서 보니 아니라는 확신이 서면 단호하게
변경을 요구해야 한다. 하지만 그런 번거로움을 방지하기 위해 설계를 치열하
게 하는 것이다. 그러므로 현장에서는 가급적 설계 변경이 일어나면 안 된다.

만일 내가 고집을 부려 설계를 변경하자고 끝까지 주장했더라면, 이 문제 하나 때문에 공기를 하루 더 잡아먹을 수도 있고 비용이 더 올라갈 수도 있었다. 사람의 마음은 갈대와 같아서 오늘은 이것이 좋았는데 내일은 이전 것이 더 나아 보일 수도 있다.

개그맨으로 무대에 설 때 아무리 수많은 아이디어가 머릿속에 떠올라도 공연을 바로 앞두고는 더 좋아 보이는 아이디어를 따라 계획을 바꾸는 어리석은 일은 하지 않는다. 애드리브보다는 연습해서 준비한 결과, 즉 설계대로 보여주는 것이 관객에 대한 예의라고 생각하기 때문이다. 순간적인 즉흥이 더 빛날 때도 있지만 대부분은 땀 흘린 노력이 더 완성도 있고 가치 있게 관객과 만나진다.

잠시의 혼란이었지만 꽤 시간을 잡아먹은 바람에 다음 스케줄을 위해 떠나야 할 시간이 되었다. 마지막까지 일을 하며 멋진 모습으로 물러나야 하는데 모두에게 미안한 마음이다.

한글주택 완료 세트 3종

1 한글 모양 주택

자음 모음의 모양을 딴 한글주택의 주개념. 단편적인 설계가 아닌 다양한 모양의 설계 지향

2 모듈러 설계

사용자 중심의 설계 장치. 모듈러를 건축주 스스로 배치하여 손쉽게 기초 설계가 가능.

3 마감일체형 단열거푸집 시스템 공법

노출 콘크리트와 완벽 단열이 합쳐진 건축 공법. 건축비를 획기적으로 줄이면서도 심플한 외관과 열교 현상이 없고 결로가 발생하지 않는 시스템

마감일체형 단열거푸집 시스템 공법

이번 공사의 핵심인 마감일체형 단열거푸집 시스템 공법은 매우 간단해 보이는 시스템이지만, 이해가 힘든 부분이 많다. 그래서 이 공법에 대해 시공 과정을 따라가며 정리해 보았다.

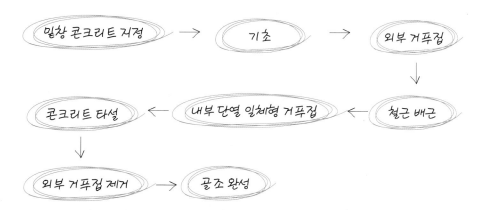

밑창 콘크리트 지정 → 기초 → 외부 거푸집 → 철근 배근 → 내부 단열 일체형 거푸집 → 콘크리트 타설 → 외부 거푸집 제거 → 골조 완성

1 밑창 콘크리트 지정

밑창콘크리트 지정부터 정밀 시공이 요구된다.

① 기초보다 1m 넓게 밑창 콘크리트 지정을 할 것

② 밑창 콘크리트의 면을 수평으로 균일하게 만들 것

이 두 가지 요구 사항은 기초를 잘 만들기 위해 매우 중요하다. 이 과정이 명확하지 않으면 기초를 잡을 때 여러 조치를 해야 해서 오히려 공정이 늘어진다.

❶ 기초보다 1m 넓게 지정을 한 모습 ❷ 밑창 콘크리트 지정을 한 후 수평면을 잡는 모습

2 기초

밑창 콘크리트로부터 정확하게 수평과 레벨을 체크하여 거푸집을 설치한다. 이때 정확하게 수평과 레벨을 체크하지 않으면 외부 거푸집을 설치할 때 변수가 많아지므로 특히 주의해야 한다.

❶ 기초를 놓기 위한 형틀을 설치할 때는 수평과 레벨을 정확히 맞춰야 한다.
❷ 형틀 조립 과정
❸ 철근 배근 및 배관 설치
❹ 콘크리트 타설 후 완성된 기초

3 외부 거푸집

기초 위에 **외부 거푸집**을 설치한다. 이 거푸집의 폭은 정확히 30cm이며 모든 부재가 정확하게 지정된 위치에서만 결합되도록 설계되어 정밀도가 매우 높다. 정밀도를 유지하기 위해 외부 거푸집 표면은 잔티 없이 깨끗하게 유지되어야 한다. 외부 거푸집을 결합하기 전에 **내부 단열 일체형 거푸집**과의 연결을 위한 **연결 클램프**를 달아야 한다. 설치는 설치 클램프를 연결하는 것만으로도 간단하게 설치된다. 설치가 완료되어 모양이 확정되면 콘크리트 타설 시 벽체가 밀리지 않도록 보강 파이프를 달아 힘을 보강한다. 이 모든 작업이 드릴 하나로 가능하도록 부재가 만들어져 있다.

❶ 조립 전 외부 거푸집에 윤활제를 바르는 장면. 콘크리트 양생 후 쉽게 분리하기 위해 바른다. 이때 표면이 티 없이 깨끗한지도 확인한다. ❷ 외부 거푸집에 연결 클램프 설치 장면 ❸ 외부 클램프 ❹ 조립 준비 작업이 끝난 외부 클램프 ❺ 외부 거푸집 조립 장면 ❻ 외부 거푸집을 설치하기 위한 설치 클램프 ❼ 설치 클램프를 이용한 외부 거푸집 조립 장면 ❽ 보강 파이프를 달아 완료한 외부 거푸집 조립

4 철근 배근

외부 거푸집 안쪽에서 힘을 받을 철근 배근을 한다. 코너 부근과 같이 콘크리트 타설 시 밀릴 수 있는 부분은 용접한다.

❶ 외부 거푸집 안쪽에서 철근 배근하는 모습 ❷ 창틀, 문틀 설치 모습 ❸ 코너 등 콘크리트 타설 시 밀릴 수 있는 부분을 용접하는 장면

5 내부 단열 일체형 거푸집

이 공법의 핵심부이다. 내부 단열 일체형 거푸집을 철근 배근된 쪽에서 붙인다. 외부 거푸집을 시공할 때 미리 붙여 둔 연결 클램프와 정확히 일치되어 연결될 수 있도록 내부 단열 일체형 거푸집이 만들어져 있으므로 이를 확실히 연결하여 체결한다.

❶ 내부 단열 일체형 거푸집. 분홍색 부분이 고압축 단열제이고 흰색 부분이 CRC보드다. ❷ 내부 단열 일체형 거푸집 조립 모습. 정확하게 외부 거푸집에 연결된 연결 클램프와 결합되도록 홈이 나 있다. ❸ 내부 단열 일체형 거푸집이 완전히 조립된 벽면. ❹ 콘크리트 타설 시 벽체가 밀리지 않도록 단 보강 파이프. ❺ 코너 부근은 용접한다. ❻ 내부 단열 일체형 거푸집 측면 모습. 분홍색 단열재 사이의 홈은 결합을 견고하게 하기 위해 사이에 끼우는 클램프 홈이다.

6 콘크리트 타설

거푸집이 모두 연결되었다면 콘크리트를 타설한다. 타설 시에는 콘크리트가 충분하고 완전하게 밀려들어가도록 천천히 속도를 조절하여 밀어 넣고, 그 다음에는 노출콘크리트에 사용되는 고주파 바이브레이터와 망치로 벽면을 치거나 진동을 주어 콘크리트가 완전하게 정착하도록 돕는다. 또한 레미콘을 주문할 때 또 별도의 배합설계가 되어있는 특수한 레미콘을 주문한다.

❶ 콘크리트 타설 장면. ❷ 망치로 거푸집을 치며 콘크리트가 밑면까지 균일하게 들어가도록 밑에서 대기하는 모습. ❸ 콘크리트 타설 후 면 잡기

7 외부 거푸집 제거

콘크리트가 충분히 보양(양생)되었으면 **외부 거푸집**을 제거한다. 노출 콘크리트와 같은 깔끔한 면이 나타난다. 발수제 정도만 바르고 써도 좋을 만한 면이다. **내부 단열 일체형 거푸집**은 제거되지 않는다. 콘크리트와 완전하게 결합되었기 때문이다. 강력한 내부 단열제가 콘크리트와 완벽하게 결합되어 있으므로 열교 현상이나 결로가 나타나지 않으며 기밀성이 강력해 완벽한 단열이 이루어진다. 또한 내부 공간에 노출되는 부분은 **내부일체형 보드**로 인체에 무해하고 석고보드보다 강력한 방염제이기 때문에 화재에 강하다. **내부일체형 보드**는 면이 깔끔해 그 위에 바로 벽지를 바르거나 페인트 칠을 해 내부 마감을 할 수 있다. 유로폼을 사용하는 콘크리트 집과는 달리 따로 목공이 필요 없어 공기 절감은 물론 비용 절감의 효과가 상당하다.

❶ 외부 거푸집이 제거된 모습. ❷ 보강 파이프를 제거한 내부 단열 일체형 거푸집. 양생 직후인데도 내부면인 내부일체형 보드면이 깔끔하게 나온 것을 볼 수 있다.

8 골조 완성

이처럼 거푸집 설치 후 콘크리트 타설 만으로 건물의 내부와 외부 마감이 거의 완성되는 공법이 **마감일체형 단열거푸집 시스템 공법**이다.

4회차 (5/3) 외벽 거푸집 설치
창 크기 결정 / 채널A 취재

기초 거푸집 제거

외벽 거푸집 설치

외벽 거푸집 준비 작업

5회차 (5/4) 1층 외벽 거푸집 설치 및 철근 공사

7회차 (5/7)

1층 벽체 철근 배근

6회차 (5/6)

1층 거푸집 설치 및 철근

8회차 (5/8)

1층 내부 단열 일체형 거푸집 설치

10회차 (5/11)

2층(1층 천장) 바닥 배근 작업

9회차 (5/9)

2층(1층 천장) 바닥 설치

건축사사무소 출동

건축사사무소 현장 설계
검토 작업

거푸집 보강 작업
(용접 및 보강 파이프)

three

기본이 중요한 모든 일

새로운 프로그램을 맡기로 하면서 스케줄이 더 많아져 현장에 올 시간이 줄었다. 다음 정글에서 보여 줄 새로운 모습들을 준비하기 위해 하늘과 물속을 누비고 있다. 차에서 쪽잠을 자면서도 현장에 오고 싶었다. 현장에 돌아온 것도 일정에 여유가 있어서라기보다 개인적인 시간을 모두 투자했기에 가능했다.

현장은 1층 거푸집이 모두 완성되어 집의 크기와 구조를 얼추 짐작할 수 있게 되었다. 오늘은 첫 콘크리트 타설이 있는 날이다. 이 시간을 맞추기 위해 정말 많은 노력이 필요했다. 박정진 대표도 이 시간을 맞춰 주려고 일정을 하루 늦추는 무리수를 두었다.

"드디어 콘크리트 붓고 골조를 만드는 날이네요. 느낌이 어떠세요?"

"잘 모르겠어요. 좀 더 자주 와야 하는데 그러질 못했잖아요."

"그러게요. 철근 배근도 해 보고 싶어 했잖아요."

"아쉽죠. 그건 잘할 수 있는데."

"2층도 있으니까 그때 하시면 되죠."

"근데 현장이 의외로 조용하네요."

"네, 힘을 아끼는 거죠. 지금까지 준비한 것이 얼마나 잘 되었는지 오늘 결판이 나니까요."

　

박정진 대표와 이야기를 하며 바라본 현장은 긴장감마저 감돌았다. 설비 사장님도 오셔서 설비 라인이 제대로 설치되었는지 점검하셨고 전기 역시 다시 한 번 확인하셨다. 며칠 전에는 건축사사무소 설계팀이 와서 마지막 점검을 하고 갔다고 한다.

　

콘크리트는 한번 부으면 되돌릴 수 없다. 잘못이 발견되면 그때는 정말 모두가 난감한 순간이 온다. 그래서 콘크리트를 붓기 전에 잘못된 것은 없는지 설계된 모든 것이 잘 반영되었는지를 체크하고 또 체크해야 한다. 지금까지

많은 준비를 하며 여기까지 왔으니 모든 것이 잘 반영되어 그 노력이 결실을 맺을 것이라 믿는다.

다시 한 번 거푸집의 조임 상태를 점검했다. 수평과 수직은 잘 맞았는지 상태를 점검하고 보강 파이프의 상태 또한 세세히 살폈다. 콘크리트 타설 시 문제가 생길 부분은 없는지 정말 꼼꼼히 확인하고 다녔다.

지금까지의 작업이 본 무대를 위한 리허설이었다면 콘크리트 타설은 무대로 올라가 진짜로 공연하는 본 공연이라고 할 수 있다. 본 공연을 위한 마지막 점검을 하며 바깥쪽 철근과 거푸집 연결 클램프를 용접했다. 혹시라도 콘크리트 무게에 밀려나는 것을 방지하기 위한 사전 조치였다. 할 수 있다면 오차가 발생할 수 있는 모든 요소를 최대한 줄여야 한다.

이제 사전 준비작업을 끝내고 콘크리트를 실은 레미콘 차량이 오기만을 기다리면 된다. 콘크리트를 실은 레미콘 차량은 미리 와서 대기하지 않는다. 공장에서 아무리 콘크리트를 잘 비벼 놓았더라도 1시간 이내에 와서 붓지 않으면 품질이 떨어져 하자가 발생하기 때문이다. 그래서 시간을 정해 그에 맞춰 정확히 일을 한다고 한다.

예전에 집을 지을 때는 손으로 직접 비벼 콘크리트를 만들었는데 요즘은 그런 모습을 찾아볼 수 없다. 시공이 정밀해지면서 공장에서 각 공정에 맞게 정확하게 재료를 배합한 콘크리트를 받아 오는 것이 비용이나 품질의 균일 면에서 유리해졌기 때문이다. 그 때문에 레미콘 공장이 바쁜 날에는 현장마다 원하는 시간에 콘크리트를 받기 위해 전쟁을 치르기도 하는 모양이다. 콘크리트를 부을 때는 한 번에 부어야지 끊어졌다 이어지면 이어진 자리의 강도가 약해진다. 이는 하자의 원인이 될 수 있기 때문에 원하는 물량이 원하는 시간에 꼭 와야 하는 것이다.

약속한 시간이 다 되었는데도 레미콘 차량이 오지 않았다. 모두들 수도자처럼 레미콘이 오기를 기다리고 있다. 집의 기본이 되는 골조가 처음으로 올라서는 날이라는 것이 실감 날 정도로 현장은 재잘거리는 소리가 확 줄었다. 이장호 이사는 오지 않는 레미콘 차량의 행방을 찾아 부지런히 전화를 돌리고 있다.

"이렇게 시간이 틀어지는 경우도 있나요?"

"이런 경우는 거의 없어요. 1년에 한두 번 있을까 말까 하죠. 20~30분 늦을 수는 있는데 오늘은 너무 늦네요. 여기저기 전화해 봤더니 다른 현장도 난리래요. 오늘 레미콘 회사가 무리를 한 모양이에요. 일을 진행해야 하니까 빨리 보내 달라고 달래는 것밖엔 방법이 없네요."

"현장이 원래 변수가 많은 곳이긴 하죠."

"이런 일이 생기면 속이 타요. 우리 입장에서는 언제쯤 필요한데 가능하냐 하고 미리 문의하고, 가능한 날짜와 시간에 예약을 잡아, 그날 아침에 다시 확인하고 일을 진행하는 거잖아요. 그런데 상대가 그 시간을 못 맞춰 주면 하염없이 기다릴 수밖에 없는 거예요. 기다리는 시간이 다 돈인데 말이죠."

　이장호 이사는 속이 타는지 연신 한숨이다. 약속 시간보다 2시간이 지나서
야 레미콘 차량이 현장으로 들어왔다. 기다림에 지쳤지만 차가 들어온다는 말
에 모두들 벌떡 일어섰다. 콘크리트 작업을 할 사람들은 모두 장화를 신었다.
나 역시 마찬가지였다. 조용하던 현장이 갑자기 폭발이라도 한 듯 시끄러워졌
다. 현장소장이 이런저런 지시를 하며 사람들의 자리를 잡아 주고, 필요한 장
비를 점검하고, 여기저기서 확인하는 고함을 지르고, 콘크리트 펌프카가 레미
콘 차량으로부터 콘크리트를 받아 1층 지붕으로 콘크리트를 보내 주고…….
열기 넘치는 현장의 모습에 나도 따라 분주해지기 시작했다.

　나는 펌프카에서 보내 주는 콘크리트가 채워질 위치를 가늠해 호스를 잡았

는데 꽤 무거울 걸 예상했지만 생각보다 가벼워 깜짝 놀랐다. 하지만 철근이 출렁거리는 바닥에서 콘크리트가 나오는 호스를 끌고 이리저리 움직이는 것은 생각만큼 잘 되지 않았다.

"병만 씨, 철근 묶어 놓은 바닥이 아직 꿀렁꿀렁하니까 움직일 때 조심해야 해요."
"그래도 발이 빠지지는 않는데요."

현장소장이 작업 가이드를 한다. 가장 먼저 콘크리트를 채울 곳은 벽체 쪽. 오늘의 메인 이벤트라 할 수 있는 곳이다. 벽체 쪽은 가능한 한 천천히 콘크리트를 보내 벽 전체에 균일하고 완전하게 콘크리트를 채워야 한다. 특히 창문은 창문 형틀 자체가 그 아래쪽을 막고 있는 형상이기 때문에 더 신경을 써서

콘크리트를 내려보내야 한다. 콘크리트가 지붕에서 벽체를 타고 내려가면 1층 아래쪽에 있는 사람들은 나무망치를 이용해 벽을 쳐서 균일하게 콘크리트가 채워지도록 하고 1층 지붕 쪽에서는 바이브레이터의 진동을 이용해 콘크리트가 한쪽으로 몰리지 않고 균일하게 채워지도록 한다. 모두가 한 팀으로 호흡을 맞춰 가며 작업한다. 얼굴을 마주보고 작업을 하는 것이 아니라서 서로 의사소통하기 위해 소리를 질러댄다.

"거기가 아니고 이쪽이잖아."
"빨리빨리 얘기를 해야지. 이쪽."
"아니 좀 더 가서. 그래 거기. 거기를 망치로 쳐. 그래 거기."
"야, 바이브레이터는 왜 그쪽에서만 해. 이쪽에서도 해야지."

한 차, 두 차의 콘크리트를 다 쏟아낼 즈음 세 번째 차가 들어와야 하는데 소식이 깜깜 무소식이다. 다시 현장이 시끄러워졌다. 이장호 이사가 전화기에 대고 연신 소리를 지른다.

"레미콘 언제 들어와요? 지금 다 부어 가는데. 난리가 났잖아요. 이거 끊겨서 하자 나면 책임질 거요? 오늘은 정말 도와주는 게 아무것도 없네요."

레미콘 회사가 오늘 대목을 맞았는지 진짜 무리를 한 모양이다. 안타깝게도 세 번째 차가 들어오기 전에 두 번째 레미콘 차량의 콘크리트를 다 부어 버려 공백이 생기고 말았다. 족히 20분은 넘게 기다려야 다음 차가 들어온다고 했

마음을 열면 누구나 스승이 될 수 있다는 말을
나는 현장에서 느낄 때가 많다.

다. 폭발하던 현장이 일순 고요해졌다. 현장소장이 이래서는 품질을 못 맞춘다고 경고를 한다. 모두들 말이 없지만 화가 난 표정이 역력하다. 아침부터 준비하고 지금까지 기다려 일을 했는데 확실하게 일이 마감이 안 되니 가슴에서 불이 난 듯했다. 긴장하며 일을 하던 나도 맥이 빠져 버렸다.

　다시 독촉 전화를 돌렸지만 하늘만 바라보는 형국. 다들 1층 지붕에서 내려와 장화를 벗고 쉬었다. 이럴 때는 소리를 지르거나 화를 내는 것보다 잠시 쉬다가 레미콘 차가 올라오면 전력을 다할 준비를 하는 것이 낫다. 마치 정글에서 먹이를 기다리는 포식자가 사냥하기 전 숨죽이는 것처럼.
　나도 현장에서 내려와 잠시 쉬기로 했다. 시간이 한없이 느려지는 느낌이다. 오후 일찍 하기로 한 콘크리트 작업은 레미콘 차량을 기다리다 일정이 계속 늦어져서 벌써 오후 4시가 다 되어 간다.

　“참, 그거 어디 있어?”
　“아까 사 온 거요?”
　“응.”
　“차에 있는데요.”
　“그것 좀 가져와. 틈날 때 심자.”

　오는 길에 꽃집에 들러 고추와 상추 모종을 사 왔다. 집 근처에 심었다가 잘 자라면 한 달쯤 후에 그걸로 삼겹살 파티를 하면 좋을 것 같았다. 모두들 축 처진 시간이기도 해서 기운도 돋을 겸 모종 심기를 했다. 모두들 와서 모종을 심는 것을 보며 한마디씩 했다. 이놈들 잘 키워서 고기 파티를 하자고 하니, 물 줄 사람 많아서 물 걱정은 안 해도 될 것 같다고 했다.

그 사이 시간은 어느덧 30분을 넘어가고 있었다. 현장매니저가 다음 일정이 있다며 시계를 가리킨다. 저녁 스케줄을 말하는 것이다. 참 난감한 상황. 이런 상황에서 먼저 간다고 말하기도 애매하다.

"부담 갖지 말고 가야 하면 가세요. 현장은 저희가 잘 정리할 테니."

박정진 대표가 미안해하지 말라며 어여 가라고 먼저 나섰다. 지금의 상황은 누가 원한 것도, 누구의 잘못도 아니지만 모든 이가 서로에게 미안해하고 있었다. 결국 가야 하니 옷을 갈아입었다. 바로 그때 레미콘 차량 두 대가 올라오고 있었다. 축 처진 현장이 다시 활기를 찾았다. 바이브레이터가 이미 부어진 콘크리트 부근을 다시 진동시키고 시동이 멈춰진 펌프카가 돌아가기 시작했다.

"딱 한 대만 더하고 가자."
"시간이 정말 빠듯해요."
"한 대만 더. 지금 가면 후회할 것 같다니까."

현장매니저가 한숨을 쉬며 전화기를 들고 어디론가 사라졌다. 나는 다시 옷을 갈아입고 장화를 신었다. 그리고 1층 천장으로 올라갔다. 쏟아지는 콘크리트를 부으며 현장은 다시 고함치는 소리들로 가득하다. 결국 딱 한 대만큼의 콘크리트 타설 작업을 하고 내려왔다. 찜찜하고 탁한 기분은 가셨지만 아쉬운 마음이 남는 것은 어쩔 수 없었다.

🎲 🎲 🎲

스케줄이 비었지만 토요일이라 망설였는데 오늘도 현장이 열린다고 해서 만사 제쳐놓고 달려왔다. 며칠 전에 부은 콘크리트가 어떻게 되었는지도 너무 궁금했다. 현장에 도착하니 1층이 모두 완성되어 있었다. 거의 모든 거푸집이 제거되어 1층 집의 모양이 분명하게 드러났다. 도면과 3D로 본 모습 그대로이다. 굴삭기로 첫 삽을 뜰 때도, 기초가 완성된 것을 보았을 때도, 거푸집을 조립해 올렸을 때도, 콘크리트를 타설했을 때도 그랬지만 오늘 이렇게 1층이 완성된 모습을 보니 가슴에서 무언가가 확 올라오는 느낌이다.

집의 꼴이 완성되어 갈수록 그것의 강도가 강해진다. 집은 사람에게 무엇일까? 그 의미를 나는 잘 설명할 길이 없지만, 집이 완성되어 갈수록 점점 이 집에 의지가 되는 느낌이다. 그래서 집을 '안식처'라고 하는 것인지도 모르겠다.

지난번 콘크리트를 부을 때 끊어졌던 부분으로 가 봤다. 면에 표시가 날 것이라고 생각했는데 어떤 표시도 나지 않았다.

"걱정 많이 했는데 양생이 잘 되었어요."
"그러게요. 벽에 아무 표시도 없네요."

"아침에 모여서 회의를 했는데 그날 상황은 불행이었지만 양생 과정은 행운이었던 것 같아요. 이 부분 때문에 하자가 발생하지는 않을 것 같아요."

"진짜 다행이네요."

"네, 사실 저도 잠을 못 잤거든요. 이 집은 노출벽인데 콘크리트가 끊기면 줄이 가서 흉할 수도 있고, 나중에 그 부분에 누수가 생길 수도 있고, 내구력이 낮아질 수도 있어요. 그런데 진짜 만나기 힘든 상황이 하필 우리 현장에서 일어나서 이만저만 화가 난 게 아니었거든요. 그래도 혹시 모르니까 이 부분은 완공 후에도 계속 관찰하려고요. 나머지 면은 만족스럽게 나왔어요. 일부 보완할 부분이 발견되긴 했지만요."

자세하게 살펴보니 일부에서 콘크리트의 재료 분리 현상이 일어나 약간 매끈하지 않은 면이 발견되었다. 레미콘 회사도 부르고 구조팀과 설계팀 모두 모여 문제점을 찾아보고 있었다. 결론은 내진 설계를 위해 철근을 이중 배근하고 그 간격이 좁아졌는데 그만큼 벽체 두께를 늘리지 못한 것이 문제였다. 거푸집의 특성상 콘크리트의 두께를 마음껏 조절하지 못한다는 단점 때문이다. 거푸집을 다시 제작해서 이 문제를 해결하기로 하고 마무리를 지었다. 자세히 보지 않으면 찾지도 못할 일부분의 문제 때문에 콘크리트의 벽체를 늘리고 그를 위해서 그 비싸다는 거푸집을 새로 제작 한다고 하니……. 보통의 열정만으로는 절대 할 수 없는 일이라는 생각이 들었다.

벽면은 노출을 지향한 만큼 대부분의 벽체는 매끈하게 나왔다. 따로 처리를 안 해도 된다고 한 박정진 대표의 이야기가 과연 헛말은 아니었다. 내부 역시 마감 공사가 다 된 것처럼 깔끔했다. 천장을 받치고 있는 서포트만 제거하면

외부 거푸집을 제거하면 그림처럼 볼트를 제거한 자리에 구멍이 남는다. 이 구멍은 비가 와도 물이 스며들지 않도록 과학적으로 설계되어 있다 . 그냥 두면 미관상 좋지 못하니 캡을 씌운다.

당장 짐을 들여와 살아도 될 것 같았다. 진짜 1층이 완성되었다.

오늘은 2층 거푸집을 붙이는 작업을 한다. 2층에 거푸집을 올리고 콘크리트를 타설하면 집의 꼴이 완전히 끝나는 것이다. 2층이라 그냥 올라다닐 수 없어서 안전 발판을 설치해야 했다. 예전에는 원형관(아시바)에 볼트를 조여 가며 안전 발판을 조립했는데 요즘은 시스템 안전 발판이라는 것이 나와 간단하게 망치를 쳐서 조립할 수 있게 되어 있다. 이런 것을 볼 때마다 내가 했던 경험은 벌써 옛날 이야기가 되어 버린 느낌이다.

흔들리는 안전 발판 위에서 작업을 시작하니 진짜 현장에 온 느낌이다. 건설 현장 아르바이트를 할 때 4층에서 떨어져 죽을 뻔한 적이 있었다. 바닥에 가시처럼 철근이 박혀 있는 현장이었는데 4층에서 떨어질 때 다행히 안전 발

판에 몸이 걸리면서 방향이 틀어져 바닥에 박힌 철근 바로 옆에 떨어졌다. 정말 천운이었다. 떨어진 것도 문제였지만 철근 위로 떨어졌으면 몸에 창에 찔린 것처럼 되어 살아날 수 없었을 것이다. 그때를 생각하면 지금의 이 현장은 하늘과 땅 차이다.

작업이 손에 익어 2층은 공정이 빠르게 이루어졌다. 사람 손이 무서운지 2층을 작업할 때는 거푸집이 손에 감기는 것처럼 착착 조립되었다. 여성지 기자가 찾아와서 인터뷰를 해야 했고 많은 시간을 빼앗겼는데도 2층 상당 부분의 외벽 거푸집을 조립할 수 있었다. 이제는 반 기술자가 다 되어 가는 모양이다.

現場으로 내려가는 길. 이번에는 귀한 손님을 모시고 간다. 만일 연예인이 되지 않았다면 팔짱을 끼고 어디든 다녔을 사람, 아내이다. 연예인이 되고 대중에 노출되면서 사생활이라는 것이 없어져 버렸다. 연예인의 조그만 실수나 잘못이 크게 확대되어 가족들 모두가 힘들어하는 모습을 많이 봤다. 그래서 나는 결혼을 하고도 가족을 공개하지 않는 것을 원칙으로 삼았다. 아마도 나는 연예인으로 계속 남는 한 가족들을 언론에 노출시키지 않을 것이다. 정말 그러고 싶다. 연예인은 대중의 사랑을 받는 만큼 질타도 크게 받는다. 나도 사람인지라 항상 사랑받는 사람이 되고 싶지만 언제 어떤 실수와 오해가 발생할지 모르는 일이다.

출발할 때부터 아내는 마음이 들떠 있었다. 1년에 절반 넘게 정글에 가 있어 떨어져 있기도 하지만, 항상 바쁜 스케줄 때문에 집안 행사를 제외하고는 함께 이동하는 경우가 거의 없다. 게다가 이번 가평 나들이는 그동안 말로만 듣던 집 구경과 살 집의 인테리어를 확정하기로 한 것이니 들뜰 만하다.

가평의 발트하임 사무소에 도착하니 많은 사람들이 기다리고 있었다. 건축사사무소와 인테리어 업체에서 어떤 방식으로 할지 기본 방향을 제안하고 선택할 수 있는 여러 자재들을 보여 주었다. 창호 업체와 금속 지붕재 제조업체도 와 있었다.

내가 특히 관심 있는 것은 창호였다. 창호는 건축비 중에서 골조 다음으로 많은 비용이 드는 부분이다. 현재 짓는 집은 공법상으로 고단열의 에너지 절감 주택이기에 그런 집에 들어갈 창호라면 역시 단열이 중요하다. 그래서 창호 업체인 알파칸에서 추천한 시스템으로 된 창호를 선택했다. 기능이 뛰어나면서 비용이 적절한 창호를 고르다 보니 수입 제품으로 결정하게 되었다.

국내 창호 시장은 유통 구조가 매우 복잡하다고 한다. 창호 자체는 세계 최고의 품질을 자랑한다. 국내에서 생산하는 스틸 제품들이 세계 최고의 품질을 자랑하니 그런 자재를 쓴 제품들 역시 품질이 좋다.

그런데 유통 구조가 복잡해서 같은 제품이라도 지역마다 비용이 다르고 유통사마다 비용이 상이한 이상한 구조가 되어 버렸다고 한다. OEM 제품들도 비용 문제에 영향을 미친다. 같은 곳에서 제작한 창호인데 OEM으로 주문해

가져가 어떤 브랜드를 붙이느냐에 따라 비용이 천차만별이다. 그러다 보니 어떤 곳에서는 오히려 수입 제품이 국산 제품보다 비용이 저렴하다. 내가 선택한 제품이 바로 그런 경우이다.

창호 외에 내부 인테리어는 아예 아내에게 모든 것을 맡겨 버렸다. 아내도 자기가 살 집이니 하고 싶은 것이 많을 것이다. 하지만 1억 원에 만들 수 있는 국민주택의 취지에 대해 말해 주면서 인테리어도 최소한으로 하자고 했다. 그래도 꼭 하고 싶은 것이 있으면 별도의 비용으로 따로 하자고 했다. 아내도 그 의견에 동의해 주었다. 인테리어는 아내에게 맡겨도 충분할 것이다.

인테리어 회의를 하다 보니 오전 시간이 훌쩍 지나가 버렸다. 아내와 인테리어 업체가 자유롭게 이야기할 수 있도록 사무실 밖으로 나왔다. 나는 역시 현장 체질인가 보다. 그런 결정은 큰 문제만 없으면 빨리빨리 하고 현장으로

올라가고 싶다. 아직 거푸집 작업이 다 끝나지 않았을 텐데……. 빨리 가서 그 작업을 같이 끝내면 좋을 텐데…….

늦은 점심을 먹고 현장에 도착했다. 처음 현장에 도착한 아내는 2층으로 올라가고 있는 거푸집을 보며 감탄했다. 그리고 정면으로 산 그림자가 열 개나 겹쳐 동양화를 연상하게 하는 풍경을 보며 활짝 미소를 지었다. 내가 몇 차례나 자랑한 그곳이다. 현장의 이곳저곳을 둘러보며 마음이 흡족한지 아내는 연신 웃음을 거둘 줄 몰랐다. 이렇게 아내까지 현장에 오니 집이 가득 찬 느낌이다.

현장은 내부 단열 일체형 거푸집 설치 작업이 한창이다. 오늘은 현장에 있을 시간이 너무 짧아 얼른 옷을 갈아입고 나도 작업 대열에 합류했다. 단열재를 볼트로 조이고, 필요한 부분은 잘라내고. 그 와중에 방송국에서 취재를 와서 또 취재에 응하고…….

하루가 어떻게 지나갔는지 모르게 지나갔다.

내 집은 콘크리트집이다. 여러 재료가 있지만 수많은 고민 끝에 전문가들의 결정은 콘크리트였다. 비용도 비싸고 작업도 까다롭지만 튼튼함은 그 무엇과도 비교할 수 없다. 태풍이 분다거나 산에서 돌이라도 하나 굴러 떨어지면 목주 주택이나 황토블록 주택 같은 것은 구조체가 완파 될 수도 있다. 지진에도 절대 안전하지 않다. 어떤 사람들은 콘크리트에서 독이 나온다고 말하기도 한다. 석회석과 모래, 자갈을 섞어 만든 것이 시멘트 이다. 자연에서 온 재료를 섞어 만드는데 독이 나온다고 하니 이해가 가지 않는다. 목조주택용 자재를 판매하는 곳에 가본 적이 있다. 내가 직접 만들 책장과 소파의 자재를 고르기 위해서다. 어떤 창고는 가공되지 않은 목재들이 싸여 있어 향도 좋고 기분도 좋아졌다. 하지만 다른 창고는 매캐한 본드 냄새 같은 것으로 머리까지 어지러워 졌다. 대부분이 현재 많이 사용되고 있는 경량목구조의 주재료 이다. 좀더 저렴한 비용으로 목재를 공급하려다 보니 썩지 말라고 방부 처리를 하고 본드를 사용해 이어 붙인다. 천연재료인 목재를 화학약품으로 잔뜩 치장하고 있는 안타까운 일이다. 어떤 사람이 미국을 여행하다 여기는 왜 나무로 집을 짓느냐고 물었더니 나무로 짓는 게 가장 싸기 때문이라는 답을 들었다는데 마찬가지 이유일 것이다. 그래서 콘크리트, 정확히는 철근콘크리트 재료의 특성에 대해 알아볼 필요가 있다.

◉ 콘크리트란?

콘크리트란 물, 시멘트, 모래, 자갈 등을 혼합하여 일체화시킨 재료를 말한다. 배합의 방법, 환경 등에 따라 강도가 각각 다르게 나타나기 때문에 시공 시 세심한 주의가 필요하다. 콘크리트는 기본적으로 시멘트와 물이 만나 수화반응이라는 결합 과정을 거쳐 딱딱하게 굳으면서 강도가 나타나게 된다. 시멘트 역시 다양한 종류가 있어서 강도나 반응 시간 등을 조절할 수 있으나 대체적으로 비용이 저렴한 보통 시멘트를 사용한다.

◉ 철근 콘크리트란?

철근 콘크리트란 말 그대로 철근과 콘크리트를 결합한 건축 재료를 뜻한다. 시멘트, 자갈, 모래를 섞은 콘크리트는 압축력은 강하지만 인장력이 약해서 길이로 세우는 것 외에 천장이나 보와 같이 옆으로 길게 연결되는 공간에는 사용할 수 없다. 그 단점을 보안하기 위해 인장력이 강한 철근을 보강하여 천장이나 보와 같은 형태로도 사용할 수 있게 한 것이다.

이 두 재료의 결합은 서로의 단점을 보강하여 여러 시너지 효과를 내는데 녹이 슬거나 불에 약한 철근은 콘크리트와 결합함으로써 콘크리트가 철근의 피복 같은 역할을 하여 그 단점이 없어지고, 콘크리트는 내부에 철근이 인장력 역할을 하게 됨으로써 쉽게 부러지지 않게 된다. 이런 상호간의 역할이 가능한 이유는 철근이나 콘크리트의 열에 대한 팽창계수가 비슷하기 때문이다. 다른 한 재료가 열에 대해 다른 팽창력을 가지고 있다면 두 재료가 쉽게 분리되고 말겠지만 비슷한 팽창계수를 가지고 있어 결합 후에도 강하게 일체화가 유지되기 때문에 이상적인 조합이 된 것이다.

◙ 철근 콘크리트의 장점과 단점

장점	단점
1. 철근 콘크리트가 일체화되면 강한 내구력이 생기고 지진에도 강해진다. 2. 진동, 충격에 대한 저항이 강하다. 3. 철근을 콘크리트가 피복하여 불에 강하고 녹이 나지 않게 한다. 4. 형태와 크기를 자유롭게 만들 수 있다. 5. 지하나 수중 구축도 가능하다. 6. 접합부 설계와 시공이 간편하다. 7. 재료를 구하기가 쉽고 그 배합을 자유로이 조정하여 강도를 조절할 수 있다. 8. 목조나 철골조보다 유지비가 적게 들고 수선 비용이 거의 들지 않는다.	1. 자체 중량이 너무 커 작업성이 떨어진다. 2. 시공할 때 철저한 관리가 필요하다. 3. 겨울 공사에서는 균일한 품질을 위해 한중타설공법이 필요하다. 4. 강도 계산이 복잡하다. 5. 재료를 다시 사용하기 힘들고 철거 시에 비용이 많이 든다. 6. 시공 시 거푸집 비용이 많이 든다. 7. 시공 후에는 개조가 곤란하다. 8. 타설 시 많은 비용과 인력이 필요하다.

11회차 (5/14) 1층 벽체, 천장 콘크리트 타설

상추, 고추 심기

콘크리트 타설 전 점검

1층 벽체 및
천장 콘크리트 타설

상추, 고추 심기

12회차 (5/17) 1층 거푸집 해체

14~15회차 (5/20~21)

2층 벽체 거푸집 설치

5월 20일

5월 21일

13회차 (5/18)

2층 벽체 거푸집 설치

16회차 (5/22) 인테리어 미팅 및 2층 내벽 거푸집 설치
각 업체, 건축사사무소 출동

인테리어 미팅

현장 점검

2층 내부 단열 일체형
거푸집 설치

17회차 (5/23) 2층 내부 벽체 마감

20회차 (5/29)

거푸집 해체 작업

18회차 (5/24)

2층 천장 거푸집 설치

19회차 (5/25) 2층 콘크리트 타설

four

날마다 조금씩 자라는 집

이른 아침이다 아직 6시가 조금 안 되었는데 이미 현장매니저가 집 앞으로 왔다. 일을 처음 시작했을 때 가능하면 일반 근로자들과 똑같이 작업하겠다는 약속을 했다. 박정진 대표에게 물으니 7시가 조금 넘어 작업을 시작한다고 한다. 새벽밥을 먹고 현장으로 나간다. 이상하리만큼 난 노동이 즐겁다. 누군가는 나보고 노동의 즐거움을 안다고도 했다. 몸이 힘들어지고 땀을 흘리면 머릿속은 오히려 맑아진다. 그래서 항상 현장으로 가는 길은 설레고 즐겁다.

새 프로그램에 참여하면서 시간이 점점 박해지고 있다. 게다가 스카이다이빙과 스쿠버다이빙 역시 배우고 있다. 새로운 모습을 보이려면 언제나 앞선 준비가 필요하다. 〈정글의 법칙〉이 성공을 거두면서 그와 비슷한 프로그램들이 조만간 나올 모양이다. 후발 주자들과 경쟁하려면 나 역시 준비를 해야 한다. 치열한 생존 경쟁에서 살아남으려면 말이다.

어제까지는 남는 시간을 모두 스카이다이빙을 배우는 데 매진했다. 비행기에서 뛰어내려 땅이 아닌 강 속으로 착륙해야 하는 고난도의 훈련이다. 강에 도달하기 전에 낙하산 연결 장치를 해체하고 강에 입수해야 한다. 너무 빨리 낙하산을 해체하면 수면과 부딪혀 크게 다치고, 너무 늦게 낙하산에서 이탈하면 물 속에서 낙하산 줄이 엉켜 생존에 위협받을 수 있는 매우 위험한 훈련이다. 후에 정글에서 필요할까 싶어 시작한 훈련인데 엄청난 집중력을 요구했다. 다행이 무사히 입수에 성공. 그런데 나중에 알고 보니 군인을 제외하고는 우리나라에서 이런 과정을 이수한 사람은 내가 처음이라고 한다. 어쨌든 그 때문에 현장 생각은 꿀떡 같았지만 발길을 돌리지 못했다.

드디어 집의 골조가 모두 완성되었다. 그 앞에 한참을 서 있었다. 실물을 보니 느껴지는 것이 달랐다. 이걸 무어라고 해야 하지? 마치 집이 어린아이가 자라듯 조금씩 성장하고 있다는 느낌이다. 지난주까지 1층을 완성하고 2층 거푸집을 세우는 것까지 하고 갔는데 오늘은 '떡' 하니 이층집 골조가 모두 섰고 거푸집까지 모두 벗었다. 갓 태어난 어린아이가 다 큰 성인으로 자란 느낌이다. 너무 큰 거인처럼 자랐다.

"2층까지 다 된 모습 보니까 어떠세요."
박정진 대표가 건물을 보고 있는 내게 말을 건다. 현장에서 만나는 거의 모든 사람이 던지는 똑같은 질문이다. 하지만 저 질문은 "집 마음에 드세요?"와 같은 질문일 터.
"아! 정말 고생 많이 했겠어요. 드디어 다 된 것 같은 기분인데요."

"하하. 우리 둘 다 늘 똑같은 질문을 하고 똑같은 대답을 하네요. 어떠냐고 물어보면 이제 정말 집 다 지은 기분이라고 하고."

"그러네요. 그래도 그게 솔직한 심정이죠. '집 다 지은 것 같아요' 하는 심정 말이에요. 지금 생각한 건데 아이들 자랄 때 '이제 다 컸네' 하고 말하잖아요. 자라면서 순간순간 늘 그렇게 말하잖아요. 집도 마찬가지인 것 같아요. 매일매일 자라는 것 같고 매일매일 다 지은 것 같아요. 그런 생각이 들어요."

"그렇기도 하네요. 그럼 오늘도 자라게 해야죠. 오늘 할 작업은 금속 지붕재 설치 작업이에요. 아마 준비 작업부터 들어갈 것 같은데요."

"벌써 지붕재 설치까지 왔네요."

"네, 이 지붕재는 1억 주택의 기본비용에 들어가지 않는 것 아시죠?"

"네, 이건 제가 따로 요청한 거니까요. 1억에 지을 수는 없죠."

"아쉽게도 그렇죠. 사실 금속 지붕재 자체는 비용이 그리 많이 들지 않아요. 하지만 설치하는데 들어가는 부자재와 인건비가 비싼 거죠. 금속 지붕재 비용보다 더 많이 나와요."

"그런가요? 인건비? 왜 비싼데요?"

"작업하다 보면 아실 거예요. 시간도 꽤 걸리고 공정도 많거든요. 틀 잡고 용접해서 기본 형태 만들고, 설치하고 비가 새지 않게 막는 작업도 있고. 다 숙련된 사람들이 하는 정밀한 일이거든요. 그러니 비용이 올라가죠."

"참, '1억 주택'은 어떻게 되고 있어요. 비용은 맞춰지는 건가요?"

"하하. 사실 그게 늘 마음의 짐이었죠. 1억 국민주택 한번 해 보자고 사람들

잔득 모아놓고 병만 씨까지 모셨는데 안 되면 어떻게 하나 하고요. 그런데 골조가 끝나니까 확실히 길이 보이네요. 병만 씨 주택은 1억 원 더 나와요. 119㎡ (36평)이니까 표준주택 규모라고 할 수 있는 92.5㎡(28평)보다는 26.4㎡(8평)가 넓죠. 그렇게 따져도 92.5㎡(28평) 정도의 규모라면 현재와 같은 방식을 표준으로 적용해도 빠듯하게 1억 원 또는 약간 넘을 것 같아요. 아직 최종 정산은 안 끝났지만 겨우 겨우 맞춰지고 있어요."

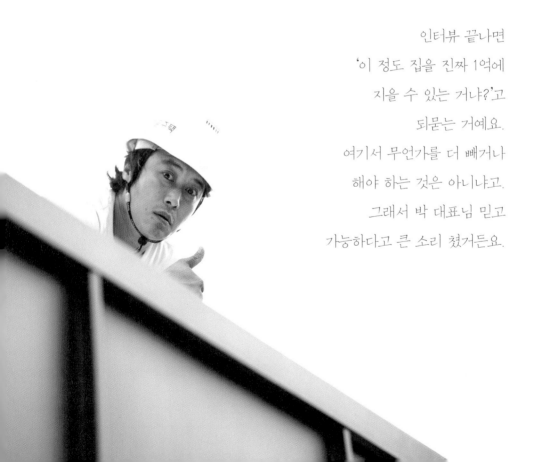

인터뷰 끝나면
'이 정도 집을 진짜 1억에
지을 수 있는 거냐?'고
되묻는 거예요.
여기서 무언가를 더 빼거나
해야 하는 것은 아니냐고.
그래서 박 대표님 믿고
가능하다고 큰 소리 쳤거든요.

"오, 훌륭한데요. 사실 저도 현장 올 때마다 비용 걱정을 했어요. 기자들에게 1억 원에 된다고 막 떠들어댔는데 인터뷰할 때는 진지하게 듣다가도 인터뷰 끝나면 '이 정도 집을 진짜 1억에 지을 수 있는 거냐?'고 되묻는 거예요. 그래서 저희 집은 1억 2천만 원 정도이고 92.5㎡(28평)가 1억 원이라고 몇 번씩 말씀드렸어요."

"우리 둘 다 말은 못하고 속이 탔었나 보네요. 하하."
"그런가요? 하하."
"거기에 토지대까지 포함해서 토지 330㎡(100평)에 건물 92.5㎡(28평)를 지으면 1억 7천만 원이잖아요. 정말 싼 비용인데요. 이렇게 분양해도 수익이 남나요?"
"수익은 당연히 남지요. 많이 남지 않아서 그렇지만요. 보통은 부동산 개발을 하면 수십 억씩 이윤이 남는 줄 알더라고요. 물론 몇 해 전에는 그런 곳도 많았지만 요즘은 소비 형태가 많이 바뀌어서 합리적인 비용이 아니면 경쟁이 안 됩니다."

기분이 좋아진다. 사실 내가 투마리치킨을 할 때도 대표의 마인드에 반해서 일을 시작하게 되었다. 가맹점이 살아야 본사도 살 수 있다는 철학을 몸소 실천하고 있기 때문이다. 그래서 가맹비도 다른 곳보다 훨씬 싸고 가맹점을 위한 지원도 많다. 그 모습에 반해 시작했는데 이곳 한글주택도 모두가 이윤보다는 꿈을 위해 일하는 사람들 같다.

박정진 대표와 모처럼 크게 웃으니 며칠 동안 하늘을 활보하느라 쌓인 피로가 다 가시는 느낌이다. 옷을 갈아입고 오자 옆에 있던 이장호 이사가 안전모와 장비들을 챙겨 준다.

"왜 오늘은 웃긴 말도 안 하시고 조용히 계세요?"
"원래 웃긴 얘기는 힘들고 슬플 때 필요한 거거든요. 힘내라고. 좋은 얘기 할 때는 그냥 미소만 있어도 되니까 이런 때는 아껴야죠."
"그럴듯한데요?"
"사실은 준비가 안 됐어요. 어제 좀 마셨거든요."

어깨를 으쓱하며 웃는 이장호 이사와 금속 지붕재 작업하는 곳으로 갔다. 지붕재 설치할 장소에 쇠파이프를 고정하고, 설치될 형상대로 용접 작업이 한

창이었다. 용접이라면 예전에도 여러 번 해 봐서 익숙하다. 아크 용접이나 산소 용접도 할 수 있다. 올라가 설치 작업자들과 인사를 나누고 일을 할당받았다. 오늘 내가 할 일은 금속 지붕재 설치 형상의 일부를 용접하는 작업이다. 첫 번째는 감각이 올라오지 않아 조금 실패해 갈아내고 다시 작업을 했다. 하지만 이후에는 일이 손에 익어 원하는 대로 용접이 되었다. 그런데 따로 보호구를 착용하지 않아서 그랬는지 얼굴이 화끈거렸다. 얼굴이 타는 느낌이 들어 더운 날씨지만 어쩔 수 없이 두건을 뒤집어썼다.

오늘은 돌아가는 시간까지 용접 작업만 계속했다. 긴 시간 동안 용접을 하면서 한 가지 일을 오랜 시간 쉬지 않고 한다는 것은 쉽지 않은 일이라는 생각이 들었다. 나는 연예인이고 다양한 경험들을 시청자들에게 재미있게 보여 주는 역할이 일이다. '달인' 때도 그랬고 다른 프로그램에서도 마찬가지였다. 그래서 준비는 긴 시간 열심히 하지만, 한 가지 일을 오랫동안 끈질기게 하는 경험은 그리 많지 않다. 물론 피겨스케이팅처럼 꾸준히 하고 있는 것도 있다.

이 프로젝트를 통해 사무소와 현장에서 만난 사람들은 한 가지 분야에서 적게는 10년, 길게는 30년 동안 끈질기게 일하면서 기술을 연마하고 발전시켜 오신 분들이다. 한마디로 내공이 탄탄한 분들이다. 내가 잠깐 보여 주는 기술에는 이런 경험이 없다. 보통 사람들이 보기에는 그럴듯해 보일지 모르지만 이분들이 보기에는 영락없이 초짜일 뿐일 테니 말이다.

오늘도 현장에서의 시간은 농담을 나눌 짬도 없이 정신없이 흘러갔다. 일정상 내일은 합판 작업을 해야 하기 때문에 오늘 용접을 마치고 형상을 완성해야 한다. 나도 가능한 한 빠르게 손을 놀리며 한 사람 몫을 다하기 위해 노력했다.

〈개그콘서트〉가 어느새 700회를 맞이했다. 〈개그콘서트〉는 나를 스타로 만들어 준 프로그램이다. 지금도 나한테는 그때의 '달인' 이미지가 많이 남아 있어서 애정이 많이 가는 프로그램이다. 700회를 맞아 예전에 인기를 끌었던 코너들을 다시 한 번 해 보자고 해서 수락을 했다. 오늘은 작업을 마무리하면 오랜만에 개콘 아이디어 회의에 참석한다.

즐거운 작업이다. 하루 종일 즐거운 작업만 기다리고 있다. 어찌 보면 나는 참 운이 좋은 사람이다. 하고 싶은 일을 맘껏 하고 있으니까.

"내일 말이야. 저녁까지 잡힌 거 없지?"

"네, 내일은 괜찮아요."

"그럼 내일 일 마치고 삼겹살 파티나 하자. 상추 좀 따다가."

"상추는 별로 안 자랐던데요."

"나도 봤어. 땅에 비료도 주고 해야 하는데. 고추도 쪼그만 놈밖엔 열리지 않았더라고. 상추야 사 오면 되지."

"네, 그럼 박 대표님에게 연락해 볼게요."

"기왕이면 이번에 고생하신 분들 다 모이자고 해. 모처럼 단합대회 한번 하지, 뭐."

그동안 고생하신 분들과 소박한 고기 파티라도 하면 좋을 것 같다.

다음날 일찍 현장으로 나갔다. 현장은 벌써 바쁘게 움직이고 있었다. 철물을 용접해 금속 외장재 놓을 형상을 잡는 일은 어느새 끝이 나 있었다. 늘 느끼는 것이지만 현장에서 사람들은 누가 시키지 않아도 자기 일을 척척 해내고 있다. 합판 붙이는 소리가 크게 울린다. 나도 얼른 옷을 갈아입고 작업 대열에 합류했다.

오늘도 현장의 시간은 소리없이 흘러간다.
기계음을 음악 삼아
각자의 일에 몰두하다 보면
번뇌마저 사라지는 느낌이다.

합판을 붙이는 작업은 의외로 쉬운 편이었다. 합판을 붙일 자리를 정하고 타카를 이용해 결합한다. 나무끼리 작업할 때만 타카를 치는 줄 알았는데 콘 크리트에 나무를 고정시킬 때도, 이렇게 각철에 나무 합판을 고정할 때도 타 카가 사용된다고 한다. 다만 나무끼리 작업할 때와는 달리 이때 쓰는 타카는 힘이 강력해서 반동이 심하고 소음도 강했다. 하지만 작업의 효율은 뛰어났 다. 만일 나사못이나 일반 못으로 고정 작업을 하려 했다면 아마 며칠은 걸렸 을 것이다. 점심 후에 잠시 인터뷰를 한 것 외에 오늘은 계속 작업 모드였기에 모처럼 방해받지 않고 일을 했다. 덕분에 해가 지기 전에 오늘 할 일을 마무리 지을 수 있었다.

돌판을 구해 삼겹살을 구웠다. 이제까지 고생하신 분들 모두가 모였으면 했 지만 다들 일정이 있는지라 모두가 참석하지는 못했다. 그래도 모일 수 있는 분들은 함께 둘러서서 고기를 먹으며 가볍게 술을 한 잔 했다. 일한 다음 먹는 그 맛이란, 진정 형용할 수 없음이 안타깝다. 정선에서 가져왔다는 곰취와 어 수리를 쌈에 싸서 먹었는데, 설명할 수 없는 향기로움이 밀려왔다.

"너무 맛있게 먹는 거 아녜요?"
"저한테는 이런 음식이 맞는 것 같아요. 나물이나 삼겹살 같은 거요."
"정글 갈 때는 곤란하겠어요. 이런 것 먹기가 힘들잖아요."
"정글에서는 맛으로 먹는다기보다 끼니를 때우는 개념이죠. 여기처럼 양껏 먹을 수 없거든요."
"아, 그래도 군침 넘어가게 먹던데요. 가끔 우리 아내도 '저거 잡아다 나도 해줘.' 이런단 말이죠."

"정글에서는 먹을 때도 고민을 해요. 물고기 특히 뱀장어 말이에요. 여러 번 먹었잖아요. 매번 똑같이 먹으면 식상하니까 화면에 나갈 때는 또 다른 모습으로 보여야 하거든요. 그런데 정글에서는 딱히 요리하는 방법이 마땅치가 않아요. 그래서 그걸 먹을 때 어떻게 요리해야 하나 늘 고민을 하죠."

"그냥 되는대로 요리하는 게 아니었군요."

"고민을 해야죠. 그래서 이렇게 판 벌려서 먹는 게 사실 좋아요. 맘 편하게 먹을 수 있으니까요."

사람들과 밥을 먹으며 이런저런 이야기를 하다 보니 어느덧 해가 저물어 간다. 맘껏 일을 하고 사람들과 이야기를 나누고 지는 해와 함께 하루를 마무리하니 오랜만의 여유로움을 느낀다. 집을 바라본다. 오늘도 한 뼘쯤 더 자라 있는 듯하다.

창에 대한 생각

창은 주택에 있어 가장 중요한 부분 중 하나다. 외부와 내부의 연결, 채광, 경치 등 많은 부분이 연결되어 있다. 하지만 창은 벽이 아닌 관계로 추운 겨울과 뜨거운 여름이 있는 우리나라에서는 단열에는 도움이 되지 않는 존재이다. 그래서 창을 낼 때는 보통 남쪽으로는 큰 창을 북쪽으로는 작은 창을 낸다. 또 바람이 잘 통하기 위해서는 맞창을 내서 바람이 통할 길을 만들어 주어야 한다. 한글주택에서도 남쪽으로는 큰 창을, 북쪽으로는 작은 창을 내었고, 북쪽 창도 열리도록 설계하여 통풍이 잘 이루어지게 했다.

↑ 한글주택의 북쪽과 동쪽 창들

◼ 단열을 고려할 때의 창

창이 커지다 보면 단열도 생각해야 하는데 이때 창과 관련해 염두에 두어야 할 부분은 두 가지이다. 하나는 기밀성이다. 창을 설치하고 나면 창틀이나 유리 틈으로 바람이 새는 경우가 생길 수 있는데 이는 시공상의 문제이거나 창틀 시스템의 문제에서 발생한다. 이런 부분을 확실하게 잡아야 기밀성이 유지된다. 좋은 창을 선택하고 이를 설치할 좋은 기술자를 초빙해야 한다. 설계 시나 시공 시에 이런 요구사항이 반영될 수 있게 미리 협의가 필요하다.

◉ 창의 크기는 어떻게 할까?

그 다음 생각해볼 것은 창의 크기다. 한글주택에서도 남쪽은 일명 통창이 대부분이다. 전망이 좋아, 시원하게 통창을 내었다. 그런데 집에 대해 여러 사람과 이야기를 나누다 보니 집을 짓기 전에는 통창에 대한 로망이 많고 집을 짓고 나면 통창에 대해 조금 다른 생각을 가지게 된다고 한다. 굳이 그렇게 큰 창을 낼 필요가 있었던가 하는 것이다.

밖의 경치는 통창으로 본다고 아름답게 다가오는 것이 아니다. 적절하게 작은 프레임으로 볼 때 오히려 애틋해지고 그림 같이 보일 때도 있다. 또 통창이 있으면 그쪽으로 살림살이를 놓기도 애매하다. .

또 통창은 들어오는 햇살에 대한 대책이 있어야 한다고 말한다. 통창을 낸 많은 사람들이 힘들어 하는 것은 여름 햇살이다. 처마가 길게 나와 있지 않는 창은 한 여름 햇살이 뜨겁게 들어오기 때문이다. 결국 통창을 크게 내고 여름의 뜨거운 햇살을 피하고자 블라인드나 커튼으로 창을 가리는 것이다. 창의 크기는 건축을 생각하는 분들이라면 한번쯤 생각해 보면 좋을 것 같다.

◉ 창 프레임과 열리는 방식

창을 선택할 때는 프레임과 열리는 방식을 잘 살펴볼 필요가 있다. 요즘은 창이 옆으로도 열리고 뒤로도 살짝 젖혀지고 여닫이문처럼도 열리는 신기한 창들이 많다. 물론 기능이 많을수록 비용은 비싸. 이전에 보아왔던 창들은 대부분 미닫이문이었는데 이런 것들을 보면 왠지 신기하고 집에 들여놓고 싶어진다. 하지만 복잡한 것들은 두 가지 점에서 잘 보아야 하는데 하나는 기밀성이고 또 하나는 유지 보수이다. 다양한 동작을 하는 문들은 기밀성에서 떨어지는 경우가 많다.

◉ 방충망

마지막으로 방충망을 잘 살펴보자. 방충망은 어느 창에나 다 달려 있다. 모기가 기승인 여름뿐 아니라 한적한 시골살이를 선택했다면 도시에서는 만나기 힘든 온갖 벌레들이 불빛을 따라 집으로 몰려든다. 그래서 방충망은 기본이다. 평범한 창을 선택했다면 미닫이창처럼 방충망이 달려 별다른 관리가 필요 없지만 복잡한 작동법의 창을 선택했을 경우에는 방충망의 위치나 작동 방법을 숙지하지 않으면 난감한 경우가 발생할 수 있다.

21회차 (5/30)

외벽 금속 지붕재 하지 작업

25회차 (6/9) 조적 공사

24회차 (6/7) 2층 창문 단열재 제거 및
창문 샤시 준비 작업

22회차 (5/31) 금속 지붕재 합판 작업
삼겹살 파티

23회차 (6/5) 1층 창문 단열재 및
거푸집 해체 작업

26~27회차 (6/10~11)

조적 공사 및 방수공사

6월 10일

6월 11일

28회차 (6/12)

계단 설치 및 화장실 방수

29회차 (6/13)   계단 설치 작업

31회차 (6/15)

STS 접합강판 작업

30회차 (6/14)   방통 타설

five

겉으론 보이지 않는 중요한 것들

"오늘 안전 발판을 완전히 해체한다는데요. 그럼 진짜 다 끝나는 거죠?"
"안전 발판 해체?"
"네. 창문도 달구요. 곧 장마라서 창문까지 단데요."

월요일이다. 이번 주 목요일에 정글로 다시 출발하기 때문에 사실상 마지막 현장 작업이 될 것이다. 지난 두 주는 정말 정신없이 지냈다. 정글로 가 있는 동안 참여할 수 없는 다른 프로그램의 녹화를 해야 했고, 아직 제작진과 완전히 합의된 것은 아니지만, 이번 정글에서는 하늘과 물속을 다니며 더 좋은 장면을 보여 주기 위해 마지막 훈련도 해야 했다. 그래서 실전 훈련을 위해 동남아로 짬을 내어 다녀오기로 했다. 현장 일이 생각나지 않을 만큼 정신없이 보냈다.

하지만 한국으로 돌아오니 슬며시 현장 생각이 떠올랐다. 아마도 많은 일이 있었을 것이다. 안전 발판을 해체한다는 것을 보면 이제 내부 공사만 남은 모양이다.

"그런데 병만이 형, 방통 타설이 뭐예요? 콘크리트를 붓는 것 같던데 블로그에는 방통 타설이라고 쓰여 있더라고요."

"그거 건축 현장에서 쓰는 은어 같은 거야. 나도 예전에 궁금해서 물어봤더니 '방바닥 통미장의 줄임말'이라고 하더라."

"중요한 작업처럼 올라왔던데요."

"좀 중요하긴 하지. 그 작업을 하고 완전히 굳어야 내장 목수 일을 시작할 수 있어. 내장 작업은 그때부터 시작하는 거니까. 그리고 방통 잘못하면 바닥이 우니까 잘 해야 하거든. 너무 두꺼워도 안 되고 얇아도 안 되고. 방통 밑에 난방 파이프가 있으니까."

"기술이 필요한 일이네요."

"그렇지. 바닥 수평 잡는 게 생각보다 쉽지 않거든."

"오늘 일하고 나면 이제 정글이네요. 그리고 돌아오면 완공이고."

"그러게. 처음에는 컨테이너 만들어 주면 남는 시간에 아예 여기 와서 먹고 자며 일하겠다고 했었는데 그게 쉽지 않았네. 짬 내는 게 말이야."

"이만큼 한 것도 무리한 거죠."

"그래도 마음은 안 그래. 현장에 오면 집만 지으며 지내고 싶다니까……."

현장으로 향하는 마음이 조금 먹먹하다.

어쩌면 집을 짓는 과정에 참여하는 마지막 날이라는 아쉬움 때문일지도 모

현장에 도착하면
언제나
집 안 구석구석을
둘러보는 것이
습관이 되어 버렸다.

른다. 오늘 현장은 많이 바쁠 것 같다. 많은 작업자가 모일 예정이고 그만큼 내가 해야 할 일도 많을 것이다.

  현장에 도착하면 늘 먼저 집 안을 둘러본다. 마지막에 보았던 집은 구역이 나눠지지 않은 휑한 공간이었는데 이제는 모든 공간이 구분지어져 있었다. 내력벽은 철근 콘크리트로 하고 내력벽이 아닌 부분은 습식이나 건식으로 벽을 만들기로 했다. 화장실과 현관, 보일러실 등이 벽돌로 구역이 나뉘어져 있었다. 방바닥도 난방 파이프를 깔고 깔끔하게 미장이 되어 있었고 계단도 어느 정도 자리를 잡았다. 2층에 올라가니 오늘 설치할 창호 틀이 잔뜩 널려 있다. 어느덧 공사는 막바지를 향해 가고 있었다.

"보니까 다 지은 것 같죠."

"또 그 소리시다. 그래도 이젠 진짜 다 지은 것 같네요."

"하하. 다 지은 것 같아도 이제부터 지난한 작업이에요. 골조 같이 큰 것은 금방 끝나는데 수장은 금방 끝날 것 같으면서도 시간이 많이 걸리거든요."

"그래도 이제 정말 다 된 느낌이 드네요. 다음에 왔을 때는 여기다 자리 깔고 자야겠어요."

"시간이 빠듯하지만 가능하도록 해 보죠. 오늘은 할 일이 많아요. 안전 발판 해체 마지막 작업을 하고 있는데 그것도 함께 해 보죠. 오늘 각종 공사가 많아서 취재온다고 하더라고요."

"네, 열심히 일하며 신나게 해봐야죠."

"그래요. 3일 후면 정글로 가는데 너무 무리하는 건 아닌가 싶어 걱정도 돼요."

"할 건 해야죠. 이제 뭐가 남은 거죠?"

"오늘 일 중에 가장 큰 건 창호 작업이고……. 그 다음은 지열 공사……, 내부 수장들 마무리짓는 게 남았네요. 지난번에 인테리어 디자이너가 제안한 것들을 하나하나 해내야죠. 예산도 챙겨야 하고요. 큰 예산은 틀이 잡혀 있어서 비교적 변동이 없는데 인테리어는 깜빡 잘못하면 돈이 한없이 올라가니까 정해진 틀에서 욕심내지 말아야 해요."

"에이, 그래도 욕심내도 되는 것들은 욕심내 주세요."

"그럴까요?"

"그럼요. 하하."

튼튼한가?
생각보다 흔들림이 적다.

　기다리고 있던 박정진 대표와 기분 좋게 웃으며 오늘 일을 시작했다. 첫 번째 일은 안전 발판 해체 작업. 시스템 안전 발판이라서 그런지 옛날 안전 발판 해체 작업을 할 때와는 확연히 다른 환경이다.

　예전에는 안전 발판를 해체하려면 원형강에 매달려 클립의 볼트를 하나하나 풀어야 했다. 맨 꼭대기는 잡아 주는 클립이 부족해 유난히 흔들렸는데, 해체를 위해서는 그 흔들림을 잡아 주는 클립마저도 풀어야 했다. 휘청거리기라도 하면 가슴도 덩달아 덜컥거렸더랬다. 그런데 시스템 안전 발판은 무게가 좀 나가는 것이 흠이지만 망치로 가볍게 치는 것으로 조립도 되고 분해도 쉽다.

　안전 발판 해체 작업을 하는 동안 카메라들이 여기저기서 찍어댄다. 잘 아는 촬영 감독님이 와서 비디오 촬영도 했다. 몇몇 방송국에서 '1억 주택' 프로젝트를 방송으로 만들어 보자고 제안을 했다. 나도 저렴하면서도 좋은 국민주택을 거품 없이 짓고 싶다는 마음에 출발했지만, 많은 사람들도 이런 생각에 지지를 보냈고 그런 마음이 방송국에도 전해진 모양이다. 오늘은 내가 일하는 모습을 통해 화면이 어찌 나올지 미리 테스트 촬영을 해보는 것이다.

안전 발판을 거의 해체하고 옥상으로 올라갈 부분만 남겨 놓았다. 그리고 옥상으로 올라가 완전히 밑작업이 끝난 금속외장재 마감 작업에 합류했다. 옥상 끝부분만 제외하고 거의 다 끝나 있었다. 비가 와도 금속 외장재 사이로 물이 들어가지 않게 하는 작업인데, 간단한 도구로 조여 주기만 하면 물이 들어갈 틈 없이 밀봉되었다. 이런 제품을 만들 때는 작업이 간편하면서도 확실히 되도록 시스템을 만드는 것이 중요하다. 그 외에 못을 박은 부분이나 도구로 조이지 못하는 부분은 실리콘으로 처리했다. 작업하면서 덮인 비닐을 벗겨내 보았다. 까만 속살이 드러났다. 그게 보기 좋아서 이리저리 돌아다니니 작업을 하던 반장님이 주의를 준다.

"비닐 벗긴 자리에 신발이 닿으면 안 돼요."
"왜요?"
"신발이 닿으면 신발 자국이 나서 따로 지워야 하잖아요. 가능하면 흙이 닿지 않는 것이 제품에도 좋고요."
"아, 예."

불편한데도 비닐을 모두 벗기지 않고 필요한 부분만 벗겨 가며 작업하는 이유가 있었다. 숙련된 일처리란 뒷마무리도 생각해야 하는 법. 벗겨 놓았던 필

름을 조심스레 다시 덮어놓고 벗겨진 부분을 밟지 않도록 조심해서 다녔다.

'한글주택'의 목업 시공을 기록으로 남기기 위한 사진 촬영도 점심 식사후 다음 작업부터 합류하기로 했다.

이장호 이사가 점심을 먹으러 출발하자고 한다. 그런데 가만 생각해보니 거리는 멀지 않지만 현장을 벗어나면 시간을 많이 잡아먹을 것도 같았다.

"이사님, 오늘 점심은 그냥 시켜 먹어요. 식당 갔다 오면 적어도 두 시간은 없어지잖아요. 할 일도 많은데요."

결국 시켜 먹기로 결론을 내고 음식이 빨리 올 수 있도록 메뉴도 통일하며 모두 자장면 곱빼기로 시켰다. 기다리는 동안 옥상 방수 작업을 했다. 방수 작

업은 건축을 한다는 사람치고 한 마디씩 안 하는 사람이 없는 부분이다. 하지만 이장호 이사는 방수만은 절대 다른 사람 말은 듣지 않는다. 꼭 방수 전문 사장님 말씀만 듣는단다. 방수 전문가일수록 꼼꼼하게 여러 공정을 거치는데 그 공정을 다 하는 것이 비용은 들더라도 하자가 없다는 것이다. 발트하임 초창기 때 방수 때문에 고생을 많이 해서 그 이후에는 무조건 방수는 전문가하고만 상의한다는 것이다.

방수 작업부터는 촬영팀이 달라붙어 사진을 찍기 시작한다. 작업하는 사진은 물론 연출 컷을 찍자며 이런저런 포즈를 요구하기도 했다. 점심이 오기 전까지 계속해서 사진을 찍었다. 늘 부담스럽다. 일하는 것만큼 힘든 것이 이런저런 모습에 표정을 담는 것이다. 그래도 이런 좋은 프로젝트를 많은 사람들에게 알릴 수 있다는 생각으로 열심히 스마일.

유리를 옮기느라
이번 공사에서
가장
큰 크레인이 들어왔다.
뭐든 쉬운 것은
없는 것 같다.

오후 늦게 유리가 도착했다. 프레임을 다 단 것은 아니지만 상당 부분 작업이 마무리되었기 때문에 작업이 끝난 부분은 유리를 달기로 했다. 유리는 크기에 비해 엄청 무거웠다. 지난번 창호 사장님에게 들은 이야기가 생각났다.

"이제까지 수많은 집에 창호를 넣어 봤지만 이 집처럼 치수가 정확하게 떨어지는 집은 처음 봤어요."

"그렇죠? 거의 1mm 오차도 안 나는 것 같아요. 미리 알려 준 치수와 실측한 치수가 똑같더라고요."

"직각은요? 보통 그것 때문에 많이 어긋나잖아요."

"직각도 거의 맞아요. 보통 대기업이 짓는 아파트도 치수가 틀리게 나와서 일일이 치수를 재서 가져가거든요. 하지만 이집은 정말 꼭 맞았어요. 이런 집은 정말 처음이에요."

1mm만 틀려도 결합이 안 되는 정밀한 거푸집을 사용했기 때문에 그런 것이라고 한다. 그 때문에 창호 작업이 훨씬 편해지고 속도도 빨랐다. 이번 주 장마 소식이 있는데 그 때문이라도 서둘러 창호 작업을 끝내야 한다.

커다란 유리들을 힘써 가며 나르고 세웠더니 어느덧 돌아갈 시간. 왜 돌아갈 시간만 되면 진한 아쉬움이 남는지. 사람들과 함께 참으로 나온 아이스크림을 먹으며 깔깔거리다 시간이 다 되어 일어섰다.

이제 장기간 이곳을 비워야 한다. 정글에서 돌아오면 집은 더 많이 자라 완공에 가까워질 것이다. 조금씩 자라날 그 모습을 직접 보지 못한다고 생각하니 마음이 착잡하다. 평소에는 차만 타면 잠이 들었는데 오늘은 잠이 오질 않았다. 경춘고속도로를 타고 올라가는데, 지는 해가 쫓아왔다. 해가 지는 풍경이 이 길의 모습을 다르게 비춘다. 산과 산 사이로 빛이 흐르는 모습이 찬란하다. '아, 이 길이 원래 이런 모습이었나……' 오늘은 평소와 달리 피로감이 덜하고 생각도 많아진다. 다시 이 길을 지날 때에는 떠오르는 해를 보며 올 것이다. 기대가 된다. 아름다울 것이다. 잠들지만 않는다면.

방수에 대한 몇 가지 정보

방수는 주택의 시공이 완전히 끝나는 시점에서 이루어지는 경우가 많아 소홀히 하기 쉽지만 반드시 필요한 부분이다. 집에 한번 물이 새면 그 부분을 잡는 것은 무척 힘들기 때문에 시공이 마감될 때 이 부분도 철저하게 처리를 해야 한다.

◙ 한글주택의 방수 처리 방법

첫 번째, 콘크리트를 부을 때 방수제를 혼합하여 벽체의 방수를 보강했다. 이렇게 하면 콘크리트 쪽에서도 방수가 이루어지기 때문에 누수의 문제가 생기지 않는다.
두 번째, 안으로 물이 샐 수 있는 공간, 특히 창틀 쪽의 각도를 충분히 조정해 내부로 물이 침입하는 경로를 줄였다. 창틀 쪽은 일일이 그라인더로 각을 잡은 후 물을 흘려보내 물이 외벽 쪽으로 흐르는 것을 전수검사로 잡았다.

세 번째, 외벽에 발수제를 발라 물이 닿더라도 빨리 떨어져 나가도록 했다.

네 번째, 옥상과 테라스에는 우레탄 방수를 따로 했다. 흔히 이런 방수를 도막 방수라고 한다. 먼저 코너 부분에 걸쭉한 방수액을 바르고 매시 처리를 한 후 다시 방수액을 덮어 깔끔하게 한다. 이것이 마른 다음 방수제로 도포를 하는 방식인데, 이렇게 하면 방수제가 온도의 변화에 따라 변화할 때 코너 부분이 완충 역할을 하여 방수가 오래 간다.

이런 처리를 했어도 방수는 유지 보수가 필요하다. 외벽에 바른 발수제나 우레탄 방수도 일정 시간이 지나면 다시 칠해 줘야 한다.

박정진 대표는 방수에 매우 민감했다. 초기 발트하임에서 지은 집이 시공사의 말만 믿고 시공을 했는데 나중에 집에 누수가 생겨 그 뒤처리를 하느라 고생이 많았다고 한다. 처음 지은 집 대부분의 지붕 공사를 다시 할 정도였다고 하니 큰 손해를 감수한 모양이다. 그래서 그 후부터는 집을 짓는 것도 중요하지만 하자가 없어야 한다며 이런 부분은 정말 꼼꼼하게 챙기게 되었다고 한다. 그것이 건축주도 편안하고 시행사도 행복해지는 길이라고 말한다.

집을 지을 건축주라면 방수 문제는 꼭 한번 생각해 볼 필요가 있을 것 같다. 집을 짓고 난 후 가장 불편한 문제이면서 심심치 않게 발생하는 문제가 바로 방수와 관련이 있다고 하니 말이다.

↘ **사진**으로 보는 **현장일지 5** _ 32~40회차

32회차 (6/17) 창호, 난간 설치 및 안전 발판 해체

안전 발판 해체

창호 설치

33회차 (6/18)

창호 유리 설치

34회차 (6/21)

창호 마감 공사

40회차 (6/29)

창호 주변 몰딩

39회차 (6/28)

알파룸 목공사

37~38회차 (6/25~26)

바닥 타일 공사

6월 25일

6월 26일

35~36회차 (6/22~23) 방수 공사 및 지열 공사

6월 22일

6월 23일

살다

집 안에 있어도 숲을 느낄 수 있는 거실,
아늑하고 편안한 알파룸에서 보이는 나무들.
마당 주변에 살구와 앵두나무를 심었다.
빨리 무성하게 자라주렴. 나만의 정글이 완성되도록…….

생활을 변화시키는 **삶의 공간**

〈정글의 법칙〉'캐러비안 편'을 찍고 한국에 돌아왔다. 한국에 돌아오면 집이 완공되어 있을 것이라 생각했으나 완전히 그렇지는 않았다. 내가 정글에 가 있는 동안 한국은 긴 장마 속에 빠져 있었다고 한다. 장장 50일이 넘는 장마 때문에 인력 수급에 문제가 생겨 공사를 이어 가지 못했던 것이다. 나는 언제나처럼 정글에서 돌아오자마자 현장으로 달려왔다.

여전히 장마가 끝나지 않아 비가 계속 내렸지만 가구 만드는 일과
다른 남은 일들을 함께 챙겼다. 거실 책장은 나무 집성판을 사다가
직접 작업했다. 예전에 인테리어 업계에서
아르바이트를 한 적이 있어서 괜히 쉽게 생각했다가 큰 코 다쳤다.
큰 집성판을 수치에 맞게 자르다 보니 하루 종일 했는데도
기초만 겨우 마칠 수 있었기 때문이다.
때로는 직접 하는 것보다
전문가에게 의뢰하는 것이 비용 대 시간으로 볼 때 더 유용하다.

골조가 올라갈 때는 조그만 변화에도 '우아!' 하는 느낌이 있었는데,
내부 공정은 그야말로 더디다. 1층에 타일이 깔리고,
그다음 날은 부엌 가구와 2층 바닥 공사, 계단 나무판을 놓는
작업이 이루어졌다. 또 그다음 날은 전기 공사,
그다음 날은 드레스룸 작업······.

하나하나 다른 작업들이 이루어졌으나,

기초를 놓고 골조를 올리는 것처럼

진도가 팍팍 나가는 느낌은 아니라서

뭔가 생각나면 바로 해야 하는 급한 성격인 나는

좀 답답했던 것도 사실이다.

하지만 그렇게 부족한 부분들이 하나하나 채워지는 모습을 보면서

한편으로는 그 과정을 좀 더 오래 즐기고픈 느낌도 있었다.

집을 짓는 즐거움이 끝나간다는 아쉬움과

살아갈 집이 거의 완성되었다는 안도감 같은 것이 복잡하게 교차했다.

이 집은 많은 전문가의 도움으로 함께 지은 집이다.

1억 원으로 92.5㎡(28평) 국민주택을 지어 보자는 사명감이 모두에게 있었다.

이 집을 지으며 많은 분들이 관심을 가져 주셨고 격려해 주셨다.

따로 집들이를 하지 않아도 될 정도로 기사화도 많이 되었다.

그만큼 내 집은 목업주택으로서 훌륭한 일을 해냈다.

처음 집을 지을 때 이 정도 규모의 집을 짓는 데 얼마의 비용이 드는지의

적정성 여부를 판단하려는 것도 이 집을 짓는 목적 중 하나였다.

처음 1억 국민 주택을 짓자며 목표를 세웠을 때는 표준주택 92.5㎡(28평)가 목표였다.

3.3㎡(평)당 350만 원대에 맞춰 보자는 것이었다.

샌드위치 패널로 만들어진 조립식 주택도 3.3㎡(평)당 350만 원 정도 나온다고 하니

원대한 목표였던 것도 사실이다.

하지만 결론적으로 본다면

우리의 프로젝트는 목표에 완벽히 근접했다.

우리 가족은 단출한 세 식구라 92.5㎡(28평) 정도도 무난하다.

손님이 많이 올 것을 예상하더라도 32평 정도면 넉넉하다.

하지만 이 집은 목업주택이자 샘플하우스를 겸하고 있기 때문에

119㎡(36평)로 지어졌다. 각자의 예산에 맞게 자신의 집을 설계하면 될 것 같다.

그게 한글주택의 장점이기도 하니까.

이 집은 당분간 주말 주택이 될 것 같다.

가족들과 이 집을 어떻게 사용할지 좀 더 이야기를 해 봐야겠다.

처음에는 무조건 이 집으로 들어오는 걸 생각했지만

딸이 있으니 이사를 오는 게 생각처럼 쉽지 않다.

학교 문제는 함부로 결정할 수 있는 부분이 아니기 때문이다.

우리 집을
소개합니다

현관, 집의 입구

현관으로 들어오는 부분은 데크를 깔았다. 처음 집을 지을 때 습기에 대한 우려 때문에 집의 레벨을 지면에서 30cm 정도 높여 지었다. 그래서 집에 들어오려면 계단이 필요하게 되었는데 현관으로 들어설 때 공간이 좁으면 몹시 불편하다고 한다. 짐이라도 들고 있으면 현관문을 열고 닫을 때 힘이 든다. 그래서 넓은 공간으로 만들었다.

이렇게 큰 데크를 놓은 데는 이런 이유도 있지만 장식적인 의미도 있었다. 지열보일러와 수도가 연결된 관이 집 안으로 들어가야 하는데 그 입구가 데크 아래쪽에 있다. 눈에 쉽게 보일 수 있는 위치라 이 부분을 가려 주는 역할도 데크가 하는 것이다. 데크를 놓음으로써 집 외관이 깔끔하게 보이고 사용도 편리해졌으니 일석이조의 결과가 되었다.

단출하게 계단 두 개를
놓을 수도 있었지만
사는 데 편리한 방법을
찾다 보니
두 번째 계단 부분을
아예 데크로 만들었다.

거실, 집의 중심이 되다

현관을 들어서면 바로 거실이다. 26.4㎡(8평)에 가까운 큰 공간이다. 나는 이 공간이 거실이면서 손님방 역할을 했으면 좋겠다. 그래서 현관과 가까운 쪽은 책꽂이와 소파를 두었고, 마당 쪽 공간은 숨겨진 침대를 두어 평소에는 거실로, 손님이 왔을 때는 손님방으로 쓰려 한다. 두 공간은 이동식 가벽을 두어 필요에 따라 공간을 구분하려 했으나 잘 되지 않았다.

손님방으로 사용할 공간의 숨겨진 침대는 성공적으로 들어왔지만 두 공간을 가를 이동식 가벽은 포기했기 때문이다. 포기한 이유는 생각했던 것보다 이동식 가벽을 숨길 공간이 너무 컸고 그만큼 공간 구성이 애매해졌으며 이동식 가벽에 대한 좋은 솔루션을 마지막까지 찾지 못했던 데 있다. 가령 이동식 가벽으로 벽을 만들었을 때 출입의 문제가 생겼는데, 자다가 화장실이라도 가려면 가벽을 아예 밀어내야 하는 불편함이 있었고 그런 시설을 보완하자니 비용이 계속 올라갔다. 그래서 과감하게 이동식 가벽은 포기해 버린것이다. 그 덕에 침대는 있는데 방처럼 아늑한 느낌을 줄 수 있는 벽은 없다. 그건 뭐, 앞으로 이 집에 손님으로 와서 자야 할 사람들이 감당할 일이다. 정 불편하다면 이동식 파티션이라도 가져다 잘 때만 쳐 줄 생각이다. 어차피 손님방의 용도야 하룻밤만 자는 것이니 불편한 시선만 줄여 주면 되지 않겠는가.

소파와 책꽂이 공간은 이 집에서 가장 편안하고 풍경이 좋은 공간이다. 1층의 거의 모든 공간이 한눈에 들어온다. 1층 공간 어디서나 중정을 바라볼 수 있다면 좋겠다고 했는데 소파에 앉으면 중정의 풍경과 마당의 풍경을 동시에 바라볼 수 있고 부엌 공간도 한눈에 들어온다. 2층으로 올라가는 계단도 풍경까지 들어오니 제법 멋진 공간이 되었다.

책꽂이와 소파의 일부는 내가 직접 만들었다.

이걸 만드는 데 시간이 제법 걸렸다.

큰 작업보다 이런 작고 섬세한 작업들이

정성과 시간을 더 요한다는 것을 알게 됐다.

소파는 그 아래 공간을 사용할 수 있도록

앉는 부분을 뚜껑처럼 위로 열 수 있게 만들었다.

나름 만족스럽다.

복도, 마음이 따뜻해지는 공간

거실에서 부엌으로 가려면 복도를 지나야 한다. 그 복도에는 화장실과 다용도실이 있고 그곳을 지나
면 부엌 겸 식당이 나온다. 이렇게 이야기하니 엄청 긴 복도처럼 생각되지만 사실 몇 걸음 지나면 끝나
는 짧은 공간이다. 나는 이 공간을 거니는 걸 좋아한다. 빛이 사방에서 모이는 공간이기 때문이다. 계
단 사이로 난 창과 거실과 부엌 좌우에서 들어오는 빛이 아주 환하다. 집을 지을 때 이런 느낌을 원했
다. 조그마한 마당이 있는 한옥 툇마루에서 여유 있게 마당을 바라보는 느낌, 열려 있기도 하고 보호받
기도 하는 느낌. 감사하다.

이 복도에는 한글로 멋진 문구를 몇 개 새겨 넣었다.

살아가며 한번쯤 되짚어 볼 만한 문구들인데

이 복도를 오고가며 나도 읽어 보고

우리 집을 방문하는 사람들도

읽어 봤으면 하는 것들이다.

부엌, 이곳에서 일할 사람을 생각하며

복도를 지나 부엌으로 들어오면 아내가 원했던 공간이 나온다. 처음에는
ㄷ자 부엌 구조로 설계했다가 냉장고 위치가 애매해지면서 일자형 부엌으로
모습을 바꿨다. 가구의 배치와 색상은 아내가 직접 선택했다. 부엌에서 일할
때 갑갑하지 않도록 싱크대 앞에 창을 달았다. 이렇게 창을 달면 바깥 풍경이
바로 눈에 들어오기 때문에 마음에 청량감을 안겨 준다. 창이 가까이 있으면
바람이 잘 통해서 설거지 후에도 습기가 빨리 말라 좋다고 한다.

계단, 개방형으로 모던하게

집을 처음 의논할 땐 집 안에 다양한 공간, 예컨대 다락방 같은 공간들도 생각했었다. 하지만 비용을 생각하다 보니 많은 것들이 없어졌다. 다행이 이층집을 지은 덕분에 계단은 남았다.

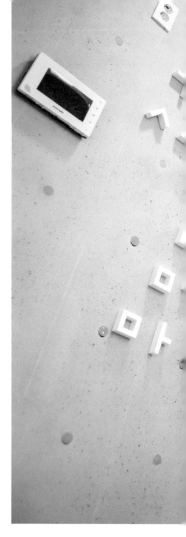

계단은 디딤판만 있는 개방형으로 만들고 난간을 따로 설치하지 않았다. 그 덕에 공간이 참 시원해졌다. 이런 형태로 계단을 만들 수 있었던 데에는 딸아이가 어느 정도 자라서 난간이 없어도 다칠 염려가 없기 때문이다. 만약 어린 아이였다면 당연히 안전한 형태로 계단을 만들었을 것이다. 하지만 시공은 오래 걸렸다. 철제를 가져와 현장에서 용접하며 직접 짜 넣었기 때문이다. 다음에 한글주택을 지을 때는 아예 규격품으로 만들어 비용과 설치 시간을 줄일 것이라고 한다. 한글주택은 수치 적용이 정확해서 수치대로 작업만 해 오면 정확한 설치가 가능하다.

안방, 알파룸, 드레스룸, 사적인 공간

1층이 공적인 공간이라면 2층부터는 사적인 공간이다. 부부 침실과 딸의 침실이 있다. 그중 부부 침실인 안방은 제법 멋지게 나왔다. 안방을 만들 때 아내가 차도 마시고 일도 할 수 있는 조그마한 별도의 공간이 있었으면 좋겠다는 바람이 있었다. 아마도 이 공간에서는 아내가 가장 많은 시간을 보낼 것이기 때문이다. 설계 시에 이를 '알파룸'이라 해서 침대 옆에 작은 방을 하나 더 만들었다. 그래서 침실로 들어오면 정면에 침대가 보이고, 침대 안쪽으로 들어오면 숨겨진 툇마루 같은 작은 방이 나타난다. 남쪽 전망과 동쪽 전망이 한눈에 들어오는 위치이다. 사실 침대 생활을 하다 보면 침대가 방 대부분을 차지해서 침실은 정말 자는 공간으로밖에 쓸 수 없다. 눕는 것 외에는 별다르게 할 수 있는 공간이 없기 때문이다. 그런데 이렇게 알파룸이 들어서자 안방 자체가 다양한 용도의 공간이 되었다. 알파룸은 친한 지인들과 차를 마시거나 수다를 떨 수 있는 비밀 공간으로 활용될 수 있고 급할 때는 침대 공간으로 활용도 가능하다.

알파룸 뒤편으로 드레스룸을 두었다. 드레스룸에는 비밀 문을 두어 벽처럼 입구를 숨기려는 계획을 가지고 있었는데, 공간 자체가 너무 복잡해질까 봐 문을 달지는 않았다. 그 대신 침실, 알파룸, 드레스룸 이 세 개를 엮어 안방 으로 만들고 들어오는 입구에 미닫이문을 달아 방처럼 구분되게 했다. 문은 책꽂이를 만들고 남은 나무를 활용했다.

테라스 방, 나만의 공간이 필요한 딸을 위해

안방에서 2층 복도를 지나면 딸의 방이다. 딸의 방은 큰 통창이 나 있고 그 앞에 제법 큰 테라스가 있다. 그 덕에 남쪽 풍경이 한눈에 들어온다. 그 안에 있으면 여름에는 비 내리는 모습을, 겨울에는 눈 오는 모습을 운치 있게 바라볼 수 있다.

마당과 담, 이웃과의 관계를 키우는 곳

마당으로 나오면 넓은 데크와 잔디밭이 있다. 데크는 현관 데크처럼 지면에서 30cm 정도 레벨이 올라간 집 덕분에 2중 구조로 되었다. 거실 쪽에서는 조금 높고 부엌 쪽은 조금 낮게 만들어져 있다. 데크한가운데 중정이 있고 중정 한가운데 자작나무를 심었다. 아직 어린 자작나무는 지금은 그리 크지 않다. 하지만 세월이 지나 굵직한 나무가 되면 넓은 그늘과 깊은 운치를 선물해 주리라 기대된다. 마당에는 잔디를 깔았다. 그 주위로 비교적 비용이 싼 과실수를 심었는데 살구와 앵두 등이 그것이다. 제법괜찮은 소나무 한 그루를 심는 건 어떠냐는 제안도 받았지만 거절했다. 나는 소나무를 잘 모르니 좋은것을 심어 봐야 소용이 없다. 그래서 키 작은 소나무 한 그루와 화살나무, 산딸나무, 철쭉, 주목, 단풍나무, 회양목 등을 적절하게 심었다. 담은 측백나무를 심어 처리했다. 키 큰 측백나무를 촘촘히 심으니프라이버시 보호도 되고 무엇보다 푸르러서 보기도 좋았다.

'1억으로 집짓기'이라는 목표를 세우고 많은 사람들이 모였지만 정말 힘든 도전이었다. 결론부터 말하면 '도전 성공!'이다. 초기부터 이 목표를 위해 설계부터 공법 선택, 시공까지 모든 사람이 함께 이뤄낸 뿌듯한 결과다.

기획 단계에서 세웠던 기준 면적은 92.5㎡(28평)였다. 국민주택 규모가 85㎡(25.7평)인데 우리가 기본 공간 단위로 설정한 모듈러가 하나 당 13.2㎡(4평)이니 모듈러 기준 7개, 92.5㎡(28평)란 목표를 세운 것이다.
'1억 주택'이 목표였으니 3.3㎡(1평)당 공사비를 350만 원대에 맞추는 것이 가장 큰 숙제였다. '샌드위치 패널'로 만든 조립식 주택도 3.3㎡(1평)당 350만 원 정도 나온다고 하니 결코 쉬운 일이 아니었다.

한글주택은 이 프로젝트를 알리기 위한 '샘플하우스'의 역할도 있었고, 김병만 씨의 요구로 면적을 넓혀 119㎡(36평)로 지어 그만큼 공사비가 올라갔다. 또 김병만 씨가 추가로 선택한 건축 외장재 등의 비용은 산정하지 않았다.

공사 비용

(단위: 원)

항목	3.3㎡(1평)당 비용	119㎡(36평)	총 공사비 비중	92.5㎡(28평)
골조 단열	1,800,000	64,800,000	50.4%	50,400,000
창호 금속	600,000	21,600,000	16.8%	16,800,000
방수 미장	300,000	10,800,000	8.4%	8,400,000
계단		7,200,000	5.6%	5,600,000
전기	200,000	7,200,000	5.6%	5,600,000
설비	180,000	6,480,000	5.0%	5,040,000
도배	80,000	2,880,000	2.2%	2,240,000
마루	100,000	3,600,000	2.8%	2,800,000
기타		3,960,000	3.1%	3,080,000
총 공사비용	3,570,000	128,520,000	100%	99,960,000

* 이 비용은 실제 지어진 119㎡(36평)를 기준으로 정산한 실제 비용

* 92.5㎡(28평)의 공사비는 119㎡(36평)의 실제 정산 비용에서 추산

* 조경이나 외장재 등은 따로 추가한 비용으로 정산 비용에 산정하지 않음

* 자료제공: 한글주택 시공업체

사전 비용

지가 529㎡(160평)	112,000,000 원
설계비	10,000,000 원
인허가 비용	0원

* 지가는 3.3㎡(1평)당 70만 원.

* 인허가 비용은 단지형 전원주택 부지로 이미 허가가 완료되어 산정하지 않음.

총 공사 비용   1억 2천 852만 원

총 비용   2억 5천 52만 원

전국에 지어지는 **한글주택들**

한글주택 1호를 시작으로 현재 6개가 진행되고 있다.

건축주가 모두 모듈러로 직접 기초설계하여 시공될 예정이다.

이 프로젝트에 공감한 사람들의 한글주택이

전국에 세워지고 있다.

서산 한글주택

대지위치 : 충남 서산시 운산면 고산리 | 용도 : 단독주택
대지면적 : 660㎡ | 규모 : 지상 1층, 98.64㎡
한글 자음 'ㄱ'과 'ㄴ'의 결합. 한글주택과 한옥 툇마루의 만남

군산 한글주택

대지위치 : 전북 군산시 둔율동 | 용도 : 단독주택
대지면적 : 277㎡ | 규모 : 지상 2층, 117.90㎡
한글 모음 'ㅡ'와 'ㅡ'의 엇갈림 속의 조화.
정면에서 보면 자음 'ㄱ'에 'ㄴ'이 결합된 형태의 주택

진주 한글주택

대지위치 : 경남 진주시 평거동 택지개발지구
용도 : 1층 근린생활시설, 2층 단독주택
대지면적 : 220.8㎡ | 규모 : 지상 2층, 216.74㎡
한글 자음 'ㅁ'의 네모 형태. 정면에서 한글 자음 'ㄷ'의 발코니와
'ㄱ'의 구조물의 자연스러운 결합. 건축주만의 공간, 경사지붕을
이용한 다락방 계획

인제 한글주택

대지위치 : 강원도 인제군 북면 용대리
용도 : 1층 근린생활시설, 2층 단독주택
대지면적 : 278㎡ | 규모 : 지상 2층, 168.03㎡
한글 모음 'ㅡ'를 형상화. 긴 형태의 대지에 한글 모음 'ㅡ'를 접목하여
효율적인 공간 구성. 정면에서 한글 자음 'ㄱ'의 캐노피를 이용한
사인계획

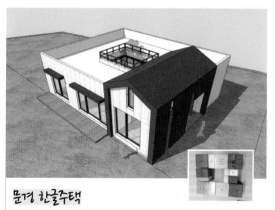

문경 한글주택

대지위치 : 경북 문경시 가은읍 성유리 | 용도 : 단독주택
대지면적 : 1,805.06㎡ | 규모 : 지상 1층, 114.48㎡
한글 자음 'ㅁ'의 중정형 주택. 국악을 즐기는 건축주를 위해 중정 옆에
'알파룸'을 배치하여 자연을 벗 삼아 연주할 수 있는 공간 계획.

가평 한글주택

대지위치 : 경기도 가평군 설악면 선촌리 | 용도 : 단독주택
대지면적 : 777㎡ | 규모 : 지상 1층, 78.66㎡
한글 모음 'ㅡ' 형태의 주택. 한글 자음 'ㄹ'을 이용. 전면에서 현관까지
이어지는 캐노피 마당에서 손님을 맞을 수 있는 넓은 툇마루 계획.

첫 만남부터 따지면 거의 일 년이다.
긴 시간동안 어려운 도전을 함께 해 주신 모든 분들께 감사의 말씀을 드린다.